ReD's RULES

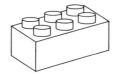

레드의 법칙

레고를 부활시킨 인문학적 문제 해결 방식

윤형준 지음

틈새책방

인문학적 문제 해결 프로세스, 레드의 법칙

__ 크리에이티브 디렉터 최장순[•]

0. 시장의 인문학

아이러니한 사실은 시장에서 인문학은 이미 흥행 중인데, 대학은 연신 인문학의 위기를 외치고 있다는 것이다. '대학의 인문학'과 '시장의 인문학'이 다른 것일까. 경영에 필요한 부분만 곶감 빼먹듯 골라 쓰려는 시장의 가벼운 태도가 못마땅해서 여전히 위기를 외치는 것일까. 그게 아니라면, '시장의 인문학'보다 '대학의 인문학'이 위기인 것은 아닐까. 위기를 외치는 여러 이유가 있겠으나, 대학이 인문학을 다루는 방식이 여전히 과거에 머물러 있는 한 인문학은 여전히 위기에 처해 있을 거라 생각한다.

여러 상념이 스치지만, 기업의 인문학 사랑은 지속적으로 강

[•] 최장순은 인문학 기반의 브랜드 경험 솔루션 디자인을 제안하는 엘레멘트컴퍼니(LMNT COMPANY)의 대표를 맡고 있으며,《본질의 발견》을 통해 인문 경영학의 가능성을 제시했다. 그밖에 브랜드의 의미를 탐구하는 인문 경영학 도서로《의미의 발견》을 저술했으며, 기획자의 일상 실천론을 기술한《기획자의 습관》을 썼다.

화돼 왔다. 인문학 전공자 특채 바람이나(채용해 놓고 인문학적인 업무 방식을 도입하지 않는 게 문제지만), 인문학 강좌의 증가세도 그 증거다. 인문학이 중요하다고 강조하는 CEO들의 수많은 연설도 마찬가지다. 유명 국립 대학교에서 최고 지도자 인문학 과정을 마련했던 2007년 이후, 많은 기업들이 경영 리더에게 인문학적 자질을 요구하는 것 역시 오래 지속돼 온 현상이다.

하지만 기업에서 인문학을 '취급'하는 방식을 보면, 인문학을 제대로 연구하고 습득·적용·내재화하려는 태도는 잘 관찰되지 않는다. 인류를 위한 포괄적 관점과 진지한 사유보다, 여전히 주주 이익과 자리 보존을 위한 단기적 시선에 머물러 있다. '주식회사'와 '월급 CEO'라는 어쩔 수 없는 구조적 한계 때문인지도 모른다. 그들에게 인문학은 비즈니스의 본질을 꿰뚫는 무언가라기보다, 비즈니스를 좀 더 멋지게 포장해 줄 미사여구 정도에 머무를 때가 많다.

반대로 인문학에서 비즈니스의 '유레카'를 찾으려는 극단적인 태도 역시 관찰된다. 하지만 그 유레카의 배후에도 언제나 주주들의 음험한 미소가 자리하고 있다. 사람의 무늬(人文)를 읽고, 그 결에 맞는 세계를 만들고자 하는 관점보다, 숫자의 논리에 봉사하기 위한 도구로서의 인문학을 요청하는 것이다. 인문학을 대하는 그 태도가 어떻든 간에 시장에서 인문학의 중요성이 지속적으로 강조되고 있는 건 부인할 수 없는 사실이다.

1. 인문학을 대하는 두 가지 시선

인문학이라고 하면 일반적으로 언어학, 철학, 역사학, 인류학, 사회학, 심리학, 문헌학, 기호학, 예술 등 제도화된 전공 영역을 떠올린다.

에르메스(Hermes) 브랜드를 인문학적으로 논한다고 치자. 가령, 그리스 신화의 전령사 에르메스를 언급하거나, 브랜드 매장은 현대판 신전이어서 명품에 대한 사랑은 종교성을 지닌다는 식의 분석을 내놓는 건 인문학을 제도화된 전공 콘텐츠의 관점으로만 정의하는 태도다. 그러한 분석은 각자의 교양 수

준을 제고하는 데 도움이 될지 모르지만, 경영에 그다지 유효
한 인사이트를 주지 못하는 'TMI(Too Much Information)'에 불과
하다. 텍스트에 박제화된 콘텐츠 인용을 넘어, 현재적 관점에
서 에르메스 사용자들의 태도와 생활 습관, 에르메스 브랜드
패션을 대하는 마인드 등을 관찰하고 해석하는 것이 더욱 유
효한 인문학적인 접근이라 할 수 있다.

　물론 인문학의 콘텐츠를 중심으로 '인문학적 정체성'을 논
하는 것은 가장 기본적인 접근 방식이다. 하지만 동서양의 지
적 전통을 달달 외워, 과거의 콘텐츠를 누가 더 잘 설명하느냐
로 학문을 전개해 왔던 그간의 '앵무새 인문학'을 생각해 보건
대, 인문학의 콘텐츠 포함 여부로 인문학적 정체성을 논하는
것은 매우 소박한(Naive) 태도라 할 수 있다.

　'인문학적' 접근에 있어 더욱 중요한 것은 이미 도처에 널린
콘텐츠를 반복하는 게 아니라, 여러 분과에서 다뤄 왔던 다양
한 '사유의 형식'을 수용·활용·변용·적용하는 역량이다. 가령
클로드 레비스트로스(Claude Lévi-Strauss)의 '날것과 구운 것' 등

의 이원론적 분석 결과를 외워 말하는 것보다, 이항대립의 분석이 어떤 맥락에서, 왜 유효했고, 그러한 사고방식의 문제는 무엇인지 곱씹어 보는 것, 그래서 현재의 문제를 해결하기 위해 그런 사고방식을 어떻게 극복하고, 과연 적용할 수 있는 것인지 헤아려 보는 것. 이런 태도가 지금 필요한 인문학적 태도가 아닐까.

물론 인문학을 인간과 세계에 대한 '콘텐츠 저수지'로 활용해 지혜를 얻으려는 태도는 매우 바람직하다. 하지만 보다 심층적인 지점에서, 인문학을 '세계-내-존재(Inder-Welt-sein)'로서의 인간이 자신과 연관된 다양한 현상과 의미를 파악하는, '사유의 형식'으로 이해할 때 보다 깊은 인사이트를 얻을 거라 확신한다.

2. 레드(ReD)의 법칙

이 책에서 말하는 '레드의 법칙'과 학습법이 그리 새로운 것은 아니다. 하지만 생명력이 강하고 오래 간직할 수 있는 것들은,

톡톡 튀는 화려한 법칙이 아니라 언제나 보편적으로 적용할 수 있는 '기본'적인 원칙들이다.

저자가 소개한 컨설팅 회사 '레드 어소시에이츠'는 현상학적으로 구성된 크리에이션의 3법칙과 5단계 센스메이킹 프로세스로 '기본'을 구성했다. 우리는 이 책을 통해 레드 어소시에이츠가 어떻게 인문학적으로 생각하고, 솔루션을 만들어 왔는지 충분히 엿볼 수 있다. 그 모든 과정은 다양한 케이스 스터디로 제시되어 쉽게 인사이트를 얻을 수 있다. 레드의 법칙과 솔루션 개발 프로세스는 다음과 같다. (궁금하신 분들은 반드시 이 책을 사서 읽으시라.)

＊레드의 3법칙

1) 업의 본질을 꿰뚫는 새로운 질문

2) 고객-제품 사이에 일어나는 상호 작용을 이해할 수 있는 두꺼운 데이터 구축

3) 창의적 솔루션

＊5단계 센스메이킹 프로세스

Framing(문제 재해석/재규정) ── Collection(데이터 개더링) ── Looking(데이터 의미 해석) ── Creation(솔루션 개발) ── Impacting(영향력 구축)

3. 홍운탁월과 두꺼운 데이터(Thick Data)

기업은 언제나 새롭고 참신한 솔루션 프로세스를 찾는다. 새로운 방법론을 적용해 보고 좋은 결과가 나오지 않으면, 기존의 방법론을 탓하며 또 다른 연구 모델을 찾아 나선다. 하지만 독창적 솔루션의 부재는 프로세스 자체의 오류 때문이라기보다, 대개는 이를 수행하는 사람들의 데이터 부족과 해석력 부족 때문인 경우가 허다하다. 인문학적 역량이 요구되는 지점은 바로 여기다. 데이터 수집에서 의미 해석에 이르기까지 포괄적이고 입체적인 사유가 필요하다. 이 책에 소개된 레드 어소시에이츠의 접근법은, 동그라미 하나를 그려 달을 나타내는 단선적인 방법이라기보다, 먹으로 주변을 에둘러 여백에서 달을 드러내는 홍운탁월에 가깝다. 보다 입체적이고 포괄적이다. 저자는 레드 어소시에이츠의 '두꺼운 데이터(Thick Data)'라는 개념을 소개함으로써 이 지점을 놓치지 않는다.

경영 현장에 도움이 될 만한 인사이트는 인터뷰 한 번 한다고 해서 거저 얻어지지 않는다. 인터뷰 대상이 어떠한 맥락에서 무슨 일을 어떻게 해 왔는지 살펴야 하고, 그러한 과정이 무슨 의미인지 철저히 공부해야 한다. 또한 인사이트를 얻기 위해 질문을 철저히 설계해야만 한다. 우리는 이 책에서 인문학이 비즈니스에 적용되는 과정을 명확히 볼 수 있는데, 이는 오롯이 저자의 내공 때문이다. 목차 구성에는 군더더기가 없고, 케이스는 다양하게 펼쳐진다. 저자의 꼼꼼한 질문 설계와 탄탄한 스터디, 그리고 성실한 취재가 없었다면, 이런 간결한 구성은 쉽지 않았을 것이다. (참고로 나는 저자와 일면식도 없다.)

이 책은, 세계를 보다 입체적으로 이해하고, 다각도로 해석하여, 보다 풍성한 의미를 만들어 내려는 한 회사의 진지한 태도에 관한 책이다. 기본으로 돌아가 탄탄한 문제 해결 능력을 기르고 싶은 사람이라면, 이 책에 소개된 레드 어소시에이츠의 다양한 사례를 읽어 볼 필요가 있다. 분명 많은 이들에게 좋은 자극제가 될 것이다.

지금 왜 '레드 어소시에이츠'인가

덴마크 코펜하겐에 있는 자그마한 경영 컨설팅 회사, 레드 어소시에이츠(ReD Associates)를 찾아가게 된 건 순전히 레고(LEGO) 때문이었다. 나는 레고의 팬이다. 어릴 적에도 좋아했지만, 어른이 되고 나서 더 좋아하게 됐다.

레고에선 의외로 어른을 위한 장난감이 적잖이 나온다. 성인을 타깃으로 한 레고는 통상 블록 개수가 수천 개 정도다. 완성하려면 사나흘이 꼬박 걸린다. 대부분 블록은 1X2, 1X4 같이 단순하고 작다. 이 블록들을 어떻게 조립하느냐에 따라, 6기통 실린더가 움직이는 자동차 엔진이 되기도 하고, 3층 건물을 관통하는 근사한 벽난로가 되기도 한다. 손맛이 끝내준다. 똑같은 블록이 지프 차로, 멋진 저택으로, 영화 속 우주선으로 변신하는 것이 매번 놀랍다. 블록의 예술, 그 창의성에 흠뻑 빠져든다.

레고가 어른들을 위한 제품을 만들기 시작한 것은 그리 오래된 일이 아니다. 2000년대 중반부터 대략 20여 년. 레고의 90년 역사에 비하면 짧은 편이다. 아이들만을 위한 장난감이었던 레고를 '어른이'까지 사로잡는 컬처 브랜드로 거듭날 수 있도록 도운 곳이 바로 '레드 어소시에이츠'였다고 한다. 기자로서는 레고가 달라진 비결을 알아보고 싶었고, 개인적으로는 어릴 적 추억의 장난감이었던 레고를 다시 한번 내 삶에 선사해 준 데 대한 고마운 마음에 덴마크의 수도 코펜하겐으로 날아갔다.

그런데 막상 가 보니 '이거 이상한데?' 싶은 생각이 곧바로 들었다. 흔히 경영 컨설팅 회사라면 마천루가 즐비한 곳에 들어앉아 발아래에 수많은 건물을 내려다보는 사무실이 떠오른다. 그러나 레드 어소시에이츠의 본사는 아주 낡아 보이는 5층짜리 목조 건물의 꼭대기 층을 쓰고 있었다. 지어진 지 얼마나 오래됐는지, 건물에 엘리베이터도 없어 나무로 된 중앙 계단을 올라 사무실 입구로 향해야 했다.

안쪽은 더 특이했다. 원목으로 된 마룻바닥, 천장에는 샹들리에가 매달려 있었다. 흰 벽에는 커다란 거울과 그림, 사진이 걸려 있었다. 마치 작은 동네 미술관에 온 듯한 느낌이었다. 무채색 공간을 수십 개 회의실로 쪼개 놓고, 방마다 컴퓨터와 프레젠테이션 스크린을 설치한 보통의 컨설팅 회사들과는 확실히 달랐다. 레드 어소시에이츠의 공동 창업자 겸 최고 경영자(CEO)인 미켈 라스무센(Mikkel B. Rasmussen) 씨가 기다리고 있던 회의실에는 스크린 대신 화이트 보드 하나만 덩그러니 놓여 있었다. 창밖으로는 큰 공원 너머로 웅장한 건물이 하나 서 있었다. 여왕 마르그레테 2세가 거주하는 덴마크 왕궁이라고 라스무센 CEO는 설명했다.

아니나 다를까. 레드 어소시에이츠는 다른 컨설팅 회사와는 다른 특별한 철학을 갖고 있었다. 이들은 경영 컨설팅 기법에 전통적인 경제학과 경영학이 아닌 인문학, 그중에서도 현상학(phenomenology)을 접목시켰다. 압축해서 설명하기는 매우 어렵지만, 현상학은 인간이 어떤 현상을 어떻게 받아들이는가를 연구하는 철학 사상 중 하나다. 이를 반영한 레드 어소시에이츠의 철학은 '어떤 사람들을 이해하기 위해서는 그들의 입장이 돼 그들이 사는 세계를 직접 경험하면서 그들의 시각으로 봐야 한다'는 것이다.

　레드 어소시에이츠는 클라이언트의 의뢰를 받으면 재무제표 속 온갖 수치를 분석하는 대신, 클라이언트의 타깃 고객을 만나고, 그 고객의 집이나 직장에 직접 찾아간다. 짧게는 몇 주, 길게는 몇 달 동안 고객의 삶을 관찰한다. 아침 출근길에 동행하고, 같이 점심을 먹고, 직장 선후배를 인터뷰한다. 보통의 컨설팅 업체 시장 조사와는 그 깊이의 수준이 다르다.

　레드 어소시에이츠의 탐구 조사는 크게 세 가지 원칙에 따라 진행한다.

1. 포괄적 접근 (Holistic Approach)

고객의 데이터, 즉 숫자를 보는 것만으로는 충분하지 않다. 데이터를 살펴본 뒤, 이를 토대로 회사 안팎의 관계자와 전문가에게 자문을 구한다. 고객을 관찰하고 그들의 일상으로 파고든다. 실제 고객의 행동과 인식이 '기업이 갖고 있던 고객에 대한 이미지'와 어떻게 얼마나 다른지 파악한다. 그 격차가 공략

해야 할 지점이다.

2. 현상 중심 관찰 (Phenomenon Based)

기업의 제품이나 서비스가 실제 고객들의 삶에 어떤 영향을
미치는지 관찰한다. 예컨대, 노후 자금을 저축하는 금융 상품
을 설계한다면, 늙는다는 것이 인간에게 어떤 의미인지, 노후
자금이 없으면 어떤 곤란을 겪게 되는지부터 연구한다. 어떤
현상과 이에 대한 인간의 경험을 바탕으로 문제의 진상을 파
악한다.

3. 가설 없는 탐구 (Working without Hypotheses)

낡은 가설은 지금 상황에 맞지 않을 가능성이 있다. 편견이 없
는 상태일 때 새로운 발견이 이뤄진다. 사람들이 어떤 생각을
하고 있는지 알아내려면 차라리 '무지(無知)'에서 시작하는 게
더 낫다.

이런 접근 방식은 수학·경제학·경영학보다는 역사·문학·철학에 더 가깝다. 레드 어소시에이츠가 레고의 미래 방향성과 전략에 대해 조언했을 때도 이런 탐구 조사를 거쳤다. 레드 어소시에이츠의 접근 방식에 대해 대해 라스무센 CEO는 이렇게 설명했다.

> "모든 비즈니스는 고객을 대상으로 합니다. 그리고 (대부분의) 고객은 인간이죠. 인간을 탐구하는 학문을 인문학이라고 부릅니다. 기업이 경영을 잘하려면 인문학을 잘 알고 있어야 합니다. 인간의 사회문화적, 심리적, 인문학적 특성을 이해하지 못하면 비즈니스는 성공할 수 없습니다. 우리는 인문학을 현실의 경영 세계와 연결하는 양면테이프 역할을 하고 싶습니다."

유명 글로벌 기업의 많은 CEO들이 이 아이디어에 동의한다. 글로벌 소비재 기업 P&G의 전 CEO였던 앨런 조지 래플리(Alan George Lafley)는 〈허핑턴포스트〉 기고문에서 "예술과 인문학, 사회학을 공부하면 불확실한 환경에서 성공하는 데 필요한 새로운 생각을 받아들일 수 있는 기민한 정신이 계발된다. 경영을 하려면 모호성과 불확실성에 대응할 수 있도록 폭넓은 교육을 받을 필요가 있다. 인문학 과정을 수료하면, 개념적, 창의적, 비판적 사고 능력을 개발할 수 있다."라고 말했다. 또 군수업체 록히드 마틴의 전 회장이었던 노먼 오거스틴(Norman Augustine)은 〈월스트리트 저널〉 기고문에서 "역사 교육을 통해 정보를 소화, 분석, 종합하고 그 결과를 상술할 수 있는 비판적 사고 능력을 키울 수 있다. 폭넓은 주제와 분야에서 이런 능력이 필요하다."라고 했다.

레드 어소시에이츠는 여기서 한 발 더 나아가 인문학을 바탕으로 한 'R&D'(연구 개발)를 추구한다. 라스무센 CEO는 이렇게 말했다.

"R&D라고 하면 보통 수학이나 과학이 떠오르지 않나요? 저희는 '왜 인문학은 R&D를 할 수 없는가' 고민했고, 인문학도

R&D가 가능하다는 걸 보여 주고 싶었습니다. R&D의 가운데 부호인 '&'을 살짝 틀어서 'E'처럼 보이게 만들었습니다. 그래서 ReD가 된 겁니다. 게다가 발음도 쉽잖아요, 레드."

이 책은 레드 어소시에이츠 본사에서 만난 라스무센 CEO와의 인터뷰를 바탕으로, '기업이 왜 인문학에 몰두해야 하는지', '그렇게 해서 어떤 문제를 어떻게 해결할 수 있는지' 정리한 책이다. 인문학이 기업에 어떤 솔루션을 제공할 수 있는지 독자 여러분들과 함께 살펴볼 예정이다.

〈조선일보〉 위클리비즈와 Mint, 산업부를 거치며 글로벌 기업 CEO들을 만나 인터뷰한 경험이 없었다면, 이 책은 시작할 엄두도 내지 못했을 것이다. 철부지 기자를 믿고 취재 기회를 주신 선배들께 진심으로 감사하다. 또, KAIST 과학저널리즘대학원에서 과학과 인문학을 넘나드는 다양한 지식을 전수, 저널리즘의 방향성을 고민할 기회를 주신 이광형 총장님, 양재석 지도 교수님께도 깊은 감사의 말씀을 드린다.

끝으로 책을 써야겠다고 마음먹은 순간부터 원고를 마감하
는 이 순간까지, 항상 함께하며 더 좋은 책을 위한 조언을 아끼
지 않아 준 아내 경화에게 이 책을 바친다.

윤형준

차례

1장 | 레드의 법칙

2장 | 질문을 다시 써라

3장 | 두꺼운 데이터를 모아라

4장 | 창의적인 솔루션을 발견하라

레드의 법칙

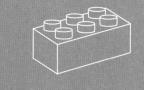

장난감의 대명사 레고는 1930년대 덴마크에서 탄생했다. 목수였던 올레 키르크 크리스티안센이 나무로 만든 가구와 장난감을 판 것이 시작이다. 키르크는 '재미있게 논다'는 뜻의 덴마크어 '레그 고트(leg godt)'를 줄여 회사 이름을 정했다.

1953년부터 레고는 목재 대신 플라스틱 블록을 쌓아 올리는 방식의 장난감을 만들었는데, 처음부터 큰 인기를 끌었던 것은 아니다. 그러다 블록의 위아래에 홈을 넣어 끼우면 애써 쌓은 블록이 쉽게 무너지지 않는다는 것을 깨달았고, 1958년 이를 특허로 출원하면서 지금과 같은 레고 블록 놀이가 완성됐다.

한동안 레고는 '20세기 최고의 완구'로 평가받으며 승승장구했다. 하지만 1990년대 들어 위기를 맞이했다. 선진국의 출산율이 낮아지면서 덩달아 장난감 시장도 위축됐다. 비디오 게임이 아이들의 새로운 놀잇감으로 급부상하면서 레고가 설 자리는 더욱 좁아졌다.

당황한 레고는 자체적으로 여러 연구를 진행했다. 고객인 아이들을 대상으로 '요즘 무엇을 가지고 노는지', '어디에 관심을 갖고 있는지' 설문 조사도 했고, 아이들이 하루를 어떻게 보내는지 통계도 내봤다. 학원에 가거나 학습지를 푸는 데 얼마나 많은 시간을 쓰는지, 또 TV는 몇 시간이나 보고 장난감은 몇 시간이나 가지고 노는지를 조사했다. 그러고는 이런 결론에 다다랐다.

1) 아이들이 할 일이 너무 많아, 더 이상 여유롭게 놀 시간이 없다
2) 조립하는 데 오랜 시간이 걸리는 지금의 레고는 살아남을 수 없다
3) 그러니 레고는 전통적인 방식을 버리고 새로운 장난감을 내놔야 한다

당시 레고의 최대 경쟁자는 소니의 플레이스테이션이었다. 비디오 게임은 전원만 켜면 화려한 화면이 쏟아져 아이들을 사로잡는다. 반면 레고는 블록을 바닥에 풀어놓고, 어떤 모양으로 만들지 상상해 가며, 또는 매뉴얼을 보며 하나하나 끼워 맞춰야 한다. 완성하는 데 최소 수십 분에서 수 시간까지 걸리

레고다움이 사라진 갈리도르 시리즈. 레고 최악의 실패 사례로 꼽히는 장난감이다.

©shopgoodwill

는 레고는 새로운 놀이 트렌드인 '즉각적 쾌락'을 따라갈 수 없는 것처럼 보였다.

레고 경영진은 '즉각적 쾌락'을 제공하는 장난감을 만들기로 결심했다. 시간과 노력을 최소화할 수 있도록 몇 차례만 조립하면 바로 가지고 놀 수 있는 제품을 만들었다. 일부 완구는 아예 조립조차 필요 없는 완성품으로 출시했다. 새로운 장난감을 쏟아냈지만, 로고를 가리면 레고가 만들었다고 생각하기 어려운 제품들뿐이었다.

레고의 변신은 결과적으로 대(大) 실패였다. 레고는 당시 핵심 고객층(5~13세 아이)의 부모 세대가 어릴 때 가지고 놀던 장난감이었다. 부모들은 이런 마음으로 레고 블록을 골랐다. '어릴 때 레고가 참 재미있었지. 우리 아이에게도 선물해 주고 싶어.' 그러나 생김새가 달라진 레고는 더 이상 부모들의 향수를 자극할 수 없었다. 추억 마케팅의 기회는 사라졌다.

'라인업 확대', '신사업 진출'이라는 그럴싸한 명분 앞에 회사의 오랜 전통은 무너져 내렸다. 레고는 1993년 의류, 1995년 시계 사업에 진출했다. 출판·미디어·게임 영역에도 직접 뛰어들었다. 테마파크인 '레고 랜드'도 적극 확장해, 영국·미국·독일에 새 레고 랜드를 열었다. 레고 블록에는 누구도 신경 쓰지 않았다. 사업 다각화는 서로 시너지를 내는 데 완전히 실패했다. 1998년과 2000년 적자를 기록한 데 이어 2003년 대규모 적자를 내면서 레고는 부도 위기에 몰렸다.

당시 레고에 다녔던 한 직원은 훗날 덴마크 언론에 이렇게 털어놨다. "기존의 레고 이미지를 벗고 쿨한 모습을 연출하려고 했어요. 아무도 블록을 이야기하지 않고, 오직 어떻게 브랜드 가치를 높일 수 있을지만 논의했죠."

2004년 레고는 사상 최대인 18억 크로네(약 3,300억 원) 적자를 냈다. 오너였던 크리스티안센 가문은 경영 일선에서 물러나고, 전문 경영인을 영입했다. 글로벌 컨설팅사 맥킨지 출신의 예르겐 비 크누스토르프(Jørgen Vig Knudstorp)를 새 CEO로 임명한 것이다.

소방수 역할을 맡은 크누스토르프는 취임 1년 만인 2005년 흑자 전환에 성공했다. 2004년 1조 4,000억 원 수준이었던 레고 그룹 매출은 15여 년 만에 다섯 배 이상 뛰어, 2020년 약 8조 원에 달하게 된다. 2017년을 제외하면 한 해도 빠짐없이 성장했다. 도대체 1년 사이에 레고에는 무슨 일이 벌어졌던 걸까.

레고 인류학자가 찾은
돌파구

크누스토르프 CEO는 레고를 살리기 위해선 무언가 돌파구가
필요함을 직감하고 있었다. 그걸 찾기 위해선 다른 관점으로
문제를 재조명해야 한다고 생각했다. 그래서 전통적인 경제학
·경영학적 접근 방식이 아닌, 인문학적으로 문제를 해결하는
덴마크의 경영 컨설팅 회사 레드 어소시에츠와 팀을 짜기로
했다.

이전까지 레고는 '아이들은 어떤 장난감을 좋아할까'를 고
민했다. 하지만 원점으로 돌아온 크누스토르프 CEO와 레드
어소시에츠는 '아이들에게 놀이란 어떤 의미인가'부터 알아
보기로 했다. '레고 앤트로스(Lego Anthros)', 즉 '레고 인류학자'
라는 이름을 붙인 조사 팀을 꾸려 미국과 독일의 가정집에 파
견했다.

레고 인류학자들은 몇 달에 걸쳐 아이들의 삶을 파고들었
다. 아침에 일어나 밤에 잠들기까지 무엇을 하는지, 학교에서
또래 친구들과 무슨 이야기를 나누는지, 공부는 얼마나 하는
지, 어떤 미디어 콘텐츠를 즐기는지 등 아이들을 쫓아다니면

서 꼼꼼히 관찰하고 일지를 썼다. 학교 운동장이나 놀이터, 실내 놀이 공간도 지켜봤다. 사진도 하루에 최소 한 장씩 찍어 함께 기록했다. 아이들의 삶을 있는 그대로 기록한 것이다. 이 기록에는 아이들의 세계에서 유행하는 영화나 만화가 무엇인지, 인기 있는 스포츠와 캐릭터는 누구인지 등이 담겼다.

레고도 나름대로 아동의 놀이 문화를 열심히 연구해 왔다고 자부했지만, 이토록 깊이 있고 폭넓은 관찰은 처음이었다. 과거에 레고는 아이들을 회사로 초대해 신제품을 보여 주고 '재미있어 보이니?', '새 장난감과 옛날 장난감 중에 뭐가 더 멋지니?' 따위의 뻔한 질문만 해 왔다. 레고가 직접 아이들의 공간으로 걸어 들어가 얻은 정보는 그때까지 레고가 쌓아 온 온갖 데이터보다 훨씬 심층적이었다.

미국 아이들의 방은 지나칠 정도로 깨끗하게 관리되고 있었다. 카펫에 모래 한 톨, 물 한 방울 떨어져 있지 않았고 침구는 항상 반듯하게 정돈돼 있었다. 한창 뛰어노는 아이들의 방이라고 믿기 어려웠다. 한 조사자는 "아이들의 방이 마치 인테리어 잡지 속 사진 같았다."라고 전했다.

　이는 미국 중산층 부모들의 '철저한 관리' 때문이었다. 아이들의 하루는 대부분 부모의 의도와 계획에 따라 움직였다. 주로 엄마들이 아이들의 방과 후 활동 일체를 관리했다. 엄마가 모는 차를 타고 키즈 카페에 가거나 독서 클럽에 갔다. 엄마가 짜준 조에 따라 친구들과 소풍을 나가고, 박물관이나 미술관에 다녔다.

　당시 미국의 엄마들은 아이를 '창의적이면서 재미있고, 외향적이고, 유머 감각이 있고, 똑똑하면서 얌전하게' 빚어내기 위해 최선을 다하고 있었다. 아이들 사이에서는 'POS'라는 신조어가 유행했다. '어깨 너머 부모(Parents Over Shoulder)'의 약자다.

　몇몇 아이들은 이런 철저한 부모님 몰래 물건을 숨기고 있었다. 한 아이는 침대 밑에 자신의 보물을 넣어 둔 신발 상자를 보관하고 있었다. 그 아이는 조사 팀에게 자신의 보물 상자를 기꺼이 보여 줬는데, 그 안엔 화려한 색깔의 독버섯이 들어있었다. 또 다른 한 아이에게는 "네 방을 네가 원하는 대로 마음

껏 꾸며 보라."라고 말했다. (물론 부모의 허락을 받고 한 일이다.) 몇 시간을 사부작거리며 움직이던 아이는 방 안에 부비트랩과 비밀 통로를 설치했다. 레고 인류학자들은 아이들의 이런 행동을 '자신의 삶을 감시하는 부모로부터 벗어나고 싶은 마음'이라고 해석했다.

정작 이 아이의 부모들은 통제받지 않은 어린 시절을 보냈다. 30년 전 그들은 동네 골목길과 시골길에서 자유를 누렸고, 훨씬 더 모험적이고 도전적인 날들을 보내며 컸다. 하지만 그들의 자녀들은 온라인 게임, 독버섯, 부비트랩 같은 상상 속에서만 자유를 찾을 수 있었다.

조사 팀은 관찰 결과를 통해 '아이들이 왜 노는가'에 대한 한 가지 통찰을 도출했다. 아이들에게 놀이란 '어른의 관리 감독 속에서 벗어나 숨 쉴 틈을 찾는 것'이었다. 아이들은 자신의 삶에 자신만 아는 무언가를 몰래 들여놓기를 간절히 원하고 있었다.

레고 인류학자들의 눈에 놀이의 또 다른 의미도 포착됐다.

아이들은 또래 집단에서 등급을 나누고 서열을 정하는 경향이 있는데, 그 수단이 '놀이'라는 점이었다.

한 아이는 게임 속 축구 선수의 능력치를 줄줄 읊었다. 아이들은 매일 축구 게임을 통해 서로 승부를 가리고 서열을 매기는 데 여념이 없었다. 미국이나 독일의 가정에서만 벌어지는 일은 아니다. 한국 사람들도 '반에서 축구 1등'이나 '학년에서 달리기 1등'을 가리는 데 익숙할 것이다.

독일의 한 소년은 조사자에게 자신이 가장 아끼는 물건을 보여 줬다. 게임기도, 연예인 포스터도, 근사한 장난감도 아니었다. 닳고 닳아서 이제는 신을 수 없게 된 낡은 운동화였다. 아이는 조사 팀에게 신발의 터진 옆구리와 바닥 구석구석을 자랑스럽게 가리켰다. 운동화는 아이가 스케이트보드 기술 하나를 마스터했다는 증거였다.

조사 팀은 여기서 두번째 인사이트를 찾아냈다. '아이들은 놀이를 통해 기술을 습득하고, 그걸로 또래 집단에서 서열을 정한다'는 점이다. 아이가 보드 타는 기술을 수개월간 갈고닦아 친구들 사이에서 인정받아 이를 뿌듯해 한다는 사실은 레고 내부에 큰 충격을 줬다. 앞서 레고는 '요즘 아이들은 시간이 없고 바빠서 한 가지 놀이에 오랜 시간을 들이는 것을 원치 않는다'고 판단했는데, 실상은 그렇지 않았기 때문이다.

레고 인류학자의 보고서는 이렇게 요약할 수 있다.

1) 아이들은 놀이를 하며 자유를 누리고 싶어 한다
2) 아이들은 즉각적 쾌락을 주는 장난감도 좋아하지만, 오랜 기간 공들여 성취감을 누릴 수 있는 놀이도 무척 좋아한다

레고는 새로운 제품을 기획할 때 당연시했던 기본 전제를 모두 내다 버렸다.

레고는 스스로를 '시간이 걸리긴 하지만 그만큼 더 도전적이고 재미있는 장난감'이라고 재정의하고, 아이들이 공을 들일 수 있게끔 도전적인 제품을 만들기 시작했다. 블록 개수를 늘리고, 더 어렵고 까다로운 조립 방식을 가진 제품을 내놓았다.

어떤 것이든 만들 수 있는 블록의 장점을 살려, 아이들의 자유 의지와 도전 정신을 불러일으켰다. 이를테면, 소방차를 만들었다가 전부 해체해 다른 방식으로 조립하면 장난감 총이 되는 식이다. 레고가 제공하는 공식 도면 말고도, 아이들은 자신만의 새로운 조립법을 만들고 이를 서로 공유했다.

레고는 부모들과의 관계도 개선해 나갔다. '레고에 열광하는 성인들의 모임'을 만들었다. 부모 혹은 예비 부모들은 어릴 적 추억에 푹 빠져 '이런 제품을 만들어 달라'며 아이디어를 제안했다. 이들 중 일부는 실제 제품 개발에도 영감을 줬다.

아예 한 발 더 나아가 어른들을 위한 고난도 레고 시리즈도 만들었다. 블록 수천 개로 조립하는 건축물과 자동차 등은 조립 설명서가 200쪽이 넘는다. 작은 레고 블록을 사흘 꼬박 쌓아 올리면 실제와 비슷한 성, 건물, 자동차를 만들 수 있다. 가격은 하나에 수십만 원에 달하지만, 구매력 있는 키덜트족에게는 문제가 되지 않았다.

레고는 아이들이 놀면서 자연스레 서열을 정할 수 있는 놀

레고의 성인용 건물 시리즈 '모듈러'는 1,000개 이상의 블록으로 만든다. 제이미 베러드 레고 디자이너가 디자인했다. ⓒThe Rambling Brick

이 공간 '클럽 하우스'도 만들었다. 여러 단계의 블록 상자를 두고, 잘할수록 한 단계씩 업그레이드해 더 어려운 블록을 가지고 놀 수 있게 했다. 또래 집단 사이에서 '레고 잘하는 애'가 나오기 시작했다.

대신 수익이 저조했던 레고 랜드 사업은 정리했고, 의류 사업은 직영 대신 라이선스 방식으로 전환했다.

이른바 '레고다움의 회복(Back to Brick)' 전략은 예상을 뛰어넘는 성공을 거뒀다. 2020년 기준으로 레고의 브랜드 가치는 8조 7,000억 원 정도로 장난감 브랜드 중 압도적인 1위다. 2위 반다이 남코(약 1조 원)를 큰 차이로 따돌리고 있다.

소년의 낡은 운동화가 알려 준 것들
— 레드의 법칙 세 가지

샹들리에가 반짝이는 사무실에서 만난 미켈 라스무센 레드 어소시에이츠 공동 CEO는 레고를 살릴 수 있었던 비결에 대해 이렇게 말했다. "기존에 하지 않았던 철저한 관찰 조사를 통해 기존에 알 수 없었던 새로운 데이터를 얻고, 그걸 바탕으로 기존에는 생각지 못했던 창의적인 비즈니스 결정을 내린 결과입니다."

레드 어소시에이츠는 크게 세 가지 부분에서 레고의 전략을 수정했다.

먼저 '아이들은 어떤 장난감을 좋아할까?'라는 레고의 질문을 '아이들은 왜 노는가?'로 바꿨다. 아이들에게 놀이가 가지는 의미를 탐구하기로 한 것이다. 전자의 질문이 비즈니스 차원의 질문이라면, 후자의 질문은 보다 본질적이고 인문학적이다. 핵심 타깃 고객의 행동 양식과 심리 상태를 바탕으로, 비즈니스를 원점에서 재검토하기 위한 사전 작업이다.

이어 오랜 시간과 노력을 들여, 아이들이 왜 노는지를 탐구 조사했다. 레드 어소시에이츠의 탐구 조사 방법은 '고객의 삶

깊숙한 곳으로 스며드는 것'이다. 많은 기업과 컨설팅 업체가 고객을 연구한다고 말한다. 대개 수천 명 대상의 5점 척도 설문 조사, 몇 시간짜리 포커스 그룹 인터뷰(5~10명 대상 심층 인터뷰), 매장 내 고객의 행동 패턴을 관찰하는 방식이다. 레드 어소시에이츠는 고객의 삶으로 더 깊숙이 들어간다. 집과 사무실, 학교 등 고객의 생활 터전을 직접 찾아가 마주한다. 가설을 세우지 않은 상태에서 편견 없이 고객의 모든 말과 행동을 있는 그대로 관찰하고 기록한다.

앞에서 소개한 독일 소년에게 낡은 신발이 보물인 이유는 무엇일까. 여러 이유가 있을 수 있다. 그 신발이 또래들 사이에서 유행하는 브랜드라거나, 또는 열 살 생일에 아버지에게 선물 받은 것이라 특별한 의미가 담긴 신발이라고 볼 수도 있었을 것이다. 그러나 조사 팀은 신발 옆에 난 수많은 상처와 흠집에 주목했다.

"이 상처는 왜 난 거니?"

"스케이트보드 연습하다가 까졌어요."

"스케이트보드를 잘 타니?"

"친구들 중에 점프는 제가 제일 잘해요."

얕은 관찰이나 인터뷰만으로는 알 수 없었던 사실이었다.

아이들이 부모의 통제로부터 자유로워지고 싶어 한다는 욕구, 아이들이 놀이를 통해 또래 집단 내 서열을 정한다는 행동 양식 역시 심층 탐구에서 나온 발견이다. 지금 와서 생각해 보면, '아이들이니까 그렇게 생각하는 게 당연하지' 싶은 얘기지만, 이전의 레고는 그 사실을 몰랐거나, 또는 중요하게 생각하지 않았던 것 같다.

레드 어소시에이츠는 탐구 조사 기록을 해석하는 데 있어서, 다른 각도로 접근해 창의적인 돌파구를 찾아냈다. 때로는 심리학이나 철학 등 인문학의 도움을 받았다. 소년의 낡은 운동화와 또래의 서열 다툼은 경제학이나 경영학적 접근 방식으로는 이해하기 힘든 인과관계다. 보이지 않던 통찰을 찾아 창의적인 해법에 다가가려면, 접근 방식이 달라져야 했다.

레고는 아이들이 부모로부터 자유로워지고 싶어 한다는 점을 레고 블록의 특징과 연결했다. 레고는 조립 방법에 따라 자동차로, 비행기로, 무기로도 변신할 수 있다. 레고는 블록 한 세트로 두세 가지 완성품을 만들 수 있는 '2 in 1', '3 in 1' 제품을 더 많이 개발했다.

기술을 갈고닦아 또래 집단에서 서열을 정한다는 점을 활용해, 레고는 더 어렵고 더 도전적인 블록 세트를 선보였다. 개수가 3,000~4,000개에 달하는 대형 건축물 세트도 출시했고, 각종 기어를 탑재해 여러 관절이 움직이는 로봇·메카닉 제품도 내놓았다. 아이들은 레고에 더 몰입했고, 덩달아 어른들까지 레고 팬을 자처하게 됐다.

레고가 꺼내 놓은 창의적인 솔루션은 '레고다움의 회복(Back to Brick)'으로 불리지만, 과거로의 단순 회귀는 아니다. 전략을 전면 수정하기로 한 레고의 의사 결정이 철저히 고객의 행동 양식에 근거하고 있기 때문이다. 앞서 레고가 의류, 테마 파크

사업을 확장했던 건 '불특정 다수 고객'을 위한 의사 결정이었다. 여기서 불특정 고객이란, 레고가 알지 못하는 고객이라는 의미다.

반대로 레고다움의 회복 전략은 '레고 팬'이라는 '특정한 다수의 고객'을 향한 전략이었다. 레고는 고객의 행동 양식과 근거를 100퍼센트 이해한 상태에서 최적의 의사 결정을 내렸다.

기업이 사업을 하다가 난관에 처하거나 정체 상태에 놓이면 어떻게 움직일까. 일단 문제가 무엇인지부터 찾을 것이다. 아마 스스로 이런 질문을 던질 것이다.

'무엇이 어디서부터 잘못됐지?'
'어떻게 해야 더 많은 매출을 올릴 수 있지?'
'지금 이 난국을 타개하기 위해 어떤 신제품이 필요하지?'

그 이후 고객이 원하는 제품·서비스에 대한 아이디어를 얻기 위해 시장 조사에 나선다. 거기서 무언가를 깨달으면 신제품, 개선된 제품 또는 새로운 비즈니스 모델을 완성한다. 그러고는 대대적인 마케팅에 나선다.

이 방식이 항상 성공하면 좋겠지만, 종종 상황이 개선되지 않는 경우가 발생한다. 그 이유는 고객의 행동 양식을 100퍼센트 이해하지 못한 상태에서 나온 피상적인 대책이기 때문이다. 레고가 레드 어소시에이츠에 일을 맡기기 이전처럼 말이다.

레드 어소시에이츠의 3법칙을 정리해 보면 다음과 같다.

1) 질문을 다시 써라
2) 두꺼운 데이터를 모아라
3) 창의적인 솔루션을 발견하라

3법칙은 '고객을 이해하기 위해 한 발자국 더 들어가라'로 요약할 수 있다.

레드 어소시에이츠는 고객을 단순한 소비자로만 보지 않는다. 고객은 소비자인 동시에 누군가의 남편 또는 아내이고, 어느 회사의 임직원이며, 어느 사회의 구성원이다. 동시대에 태어난 사람들끼리 공유하는 세대적 특성도 있고, 태어난 지역에 따른 고유의 문화도 갖고 있다. 고객을 사회문화적 맥락에서 들여다보면, 단순히 소비자로 봤을 때보다 훨씬 다양한 행동 요인을 가지고 있음을 발견할 수 있다. 여기에서 이제껏 몰랐던 새로운 비즈니스 기회를 창출할 수 있다는 것이 '레드의 3법칙'의 핵심이다.

인간은 세상 안에 존재한다
— 레드가 현상학에 주목한 이유

'레드의 3법칙'은 철학, 그중에서도 현상학(phenomenology)에 근거를 두고 있다. 현상학은 독일 철학자 에드문트 후설(Edmund Husserl)에 의해 창시됐고, 그의 제자인 마르틴 하이데거(Martin Heidegger)를 통해 정립된 학문이다. '나는 생각한다, 고로 존재한다(I think, therefore I am)'로 널리 알려진 프랑스 철학자 르네 데카르트(René Descartes)가 정립한 존재론을 반박한다.

데카르트는 '인간은 무엇인가'를 고민한 끝에 인간은 생각하는 존재이며, 그래서 합리적이라고 결론지었다. 합리성은 곧 객관성이며, 이는 주관성의 개입을 억제해야 한다는 의미다. 어떤 사물이나 현상을 관찰할 때, 관찰자는 철저히 외부에서 바라봐야 한다는 것이다. 사람을 관찰한다면 피관찰자와 만나서는 안 된다. 상호 작용으로 인해 객관성이 무너질 수 있기 때문이다. 또한 어떤 사물이나 현상을 객관적으로 바라보기 위해서 '수량화'가 필요하다. 수학적 근거를 진리로 받아들이고, 주관성의 개입을 없애는 것이다. 데카르트는 진리가 인간이 어떻게 느끼느냐와 무관하게 존재한다고 여겼다. 이 같은 데카르트의 존재론은 현대 과학과 경제학 및 경영학의 근간을 이루고 있다.

하이데거는 다르게 봤다. '인간이 된다는 것은 어떤 의미인가?(What does it mean to be a human being?)'에 인생 대부분을 천착한 하이데거는 저서《존재와 시간》에서 '인간은 세상 안에 존재하는 것(being in the world)[1]이라고 규정했다. 인간은 자신이 살아가는 세계에 따라 정의된다는 것이다.

그의 이론을 토대로 레드의 3법칙을 정리한 라스무센 CEO는 이렇게 말했다.

> "하이데거는 한 사람을 이해하려면, 그가 사는 세계를 경험하며 그 사람의 눈으로 세상을 봐야 한다고 했어요. 사람은 같은 현상도 제각각 받아들이죠. 유리컵에 물이 반쯤 들어 있을 때 누군가는 '물이 반이나 있네'라고 인식하고, 다른 이는 '물이 반밖에 없

1 Martin Heidegger,《On time and Being》, SUNY Press, p.59

네' 하며 불평한다는, 잘 알려진 비유처럼 말입니다. 데카르트의 존재론은 유리컵에 든 물을 바라보는 인간의 주관적 인식을 배제해야 한다고 주장하는데, 하이데거는 그런 접근 방식은 틀렸고, 무언가가 존재한다는 것은 그 무언가가 존재하는 어떤 세계가 있다는 뜻이며, 이를 이해하기 위해서는 해당 세계에 깊숙이 개입돼 있어야 한다고 주장해요."

현상학적으로 보면, 인간을 제대로 이해하기 위해서는 그에게 직접 묻는 것보다는, 그가 살고 있는 세계 전체를 이해해야 한다. 금융의 세계, 요리의 세계, 패션의 세계 등 사회적으로 형성된 어떤 공동체가 있고, 인간의 존재 의미는 이런 공동체를 통해 파악할 수 있다. **인간이 의미를 가지는 순간은 객관적 시각으로 세상을 바라볼 때가 아니라 세상 안에 깊이 몰두해 있을 때라는 것이다.**

이를테면 위대한 기타리스트는 기타를 가장 잘 연주하는, 즉 기타에 가장 깊이 몰두해 있는 사람이다. 위대한 기타리스

30대 여성에게 커피메이커는
'휴일 아침의 로망',
50대 남성에게는 음료 뽑는
기계 덩어리일 수 있다.
©Getty Images

트는 기타와 자신을 떼어 낼 수 없다. 또, 각설탕의 의미는 각
설탕의 존재 자체가 아니라, 각설탕이 커피나 홍차에서 단맛
을 내는 상태다. 커피나 홍차를 마시는 사람이 '달다'고 느낄
때 각설탕이 이 세계에 존재하는 의미가 부여된다.

　이런 현상학을 기업 경영에 대입해 보자. 소비자는 어떤 제
품·서비스를 받아들일 때, 각자 자신이 속한 공동체의 영향을
많이 받는다. 30대 여성에게 커피메이커가 '휴일 아침의 로망'
이라면, 50대 남성에게는 음료 뽑는 기계 덩어리일지 모른다.
따라서 기업이 사람, 즉 고객을 이해하기 위해서는 고객이 존
재하는 세계 전체를 볼 필요가 있다. 한 사람을 이해하기 위해
서는 그 사람만 봐서는 안 되고 그의 가족과 직장 동료, 친구
등 그의 세계에서 관계를 맺고 있는 모든 주체를 함께 관찰해

야 하는 것이다.

그러면 왜 비즈니스에 현상학을 적용하는 게 좋을까. 결국 고객과 소통하지 못하는 제품과 서비스는 시장에서 성공할 수 없기 때문이다.

고객에게 어필하기 위해서는 고객이 무슨 생각을 하고 있는지, 고객이 무엇을 필요로 하는지, 고객이 어떤 제품을 어떻게 사용하는지 알면 알수록 좋다. 카메라를 만드는 기업이라면 사진이 무엇인지, 일반인들의 일상에서 사진이 어떤 역할을 하는지, 전문적인 사진작가는 세상을 어떤 관점에서 바라보는지 이해하는 게 좋다. 이를 이해함으로써 어떤 카메라 기술을 개발·탑재해야 할지 길이 보일 것이다.

현상학은 철학의 한 부류다. 철학은 인간이라면 누구나 갖고 있는 호기심을 바탕으로 세계의 근본 원리와 삶의 본질에 관해 이성적인 답변을 찾아가는 과정이 학문으로 진화한 것이다. 철학자들은 모두가 당연하게 여기는 개념을 다시 생각해 보고, 비판하는 형식으로 세계의 본질을 찾아 나간다. 소크라테스는 스스로를 "질문을 던지는 사람"이라고 불렀다. 칸트는 "전문가의 권위에 의존하지 말고 인간이 스스로 판단할 것"을 권했다. 니체는 "의심하는 것이 인간의 천성"이라고 주장했다.

철학의 본질은 '왜?'에 있고, 비즈니스도 사실은 마찬가지다. 모든 소비자는 인간이고, 인간에게 제품과 서비스를 팔기 위해선 인간의 특성을 조금 더 본질적으로 탐구해야 한다. 인간을 탐구하는 기업만이 성공의 기회를 가질 수 있다.

미지의 문제
— 레드의 법칙이 빛을 발하는 순간

기업은 비즈니스를 하는 동안 여러 문제에 직면한다. 문제의 가짓수는 수십, 수백 가지에 달한다. 간단히 손보면 넘어갈 수 있는 사소한 문제도 있고, 아예 망해 버릴 정도로 큰 위기로 이어지는 문제도 있다.

내가 몇 년간 취재해 온 자동차 업계에서도 수시로 문제가 터져 나온다. 예컨대, 설계나 조립 과정에서 몰랐던 결함을 팔고 난 뒤에야 발견하는 경우가 있다. 엔진 룸에서 불이 나거나, 충돌했는데 에어백이 작동하지 않는 식이다. 결함이 발견되자마자 리콜해서 무상 수리를 해 주면 큰 문제없이 넘어갈 수 있는 사소한 위기다. 그러나 늑장 대응했다가 고객과의 소송전에 휘말리거나 감독 당국의 제재를 받으면 더 큰 위기로 이어질 수도 있다.

노동 집약적인 특징을 가진 자동차 회사는 종종 노사 갈등을 겪는다. 매년 찾아오는 회사와 노조 간의 임금 협상이 잘 풀리지 않으면 대대적인 파업으로 이어진다. 갈등이 심해지면 파업이 잦아지고, 수시로 생산에 차질을 빚어 비용이 크게 늘어난다. 파업 사태가 미디어에 연일 오르내리면 브랜드 이미지도 악화되어 기업 경영이 뿌리째 흔들릴 수 있다.

대외적인 이유로 위기에 몰리기도 한다. 2020년 초 코로나19 팬데믹의 여파로 사람들이 차 구매를 미루자 자동차 업계 전반적으로 매출이 큰 폭으로 감소했다. 직원이 코로나19에 감염돼, 공장을 폐쇄하는 경우도 왕왕 있었다. 팬데믹 여파로 부품이 생산되지 않아, 자동차를 만들지 못하는 사태도 빚어졌다. 차 안에 들어가는 전선 뭉치 부품의 생산 공장이 대부분 중국에 있는데, 팬데믹 초기 중국 공장이 멈춘 탓에 자동차 공장도 연쇄적으로 멈출 수밖에 없었다.

이런 문제를 해결하기 위해 기업은 항상 여러 솔루션을 내놓는다. 그렇다면 레드의 법칙이 빛을 발하는 순간은 언제일까. 이를 판단하기 위해선 문제의 종류부터 구분해야 한다. 문제는 크게 세 가지로 나뉜다.

1) 먼저 **선형 문제(Linear Problem)**다. 기업은 어떤 문제가 발

생했는지 잘 알고 있고, 어떻게 하면 문제를 풀 수 있는지도 잘 알고 있다. 대개 과거에 수차례 발생한 적이 있는 문제이고, 기업이 이미 해결해 본 경험도 있다. 이 경우엔 불확실성이 높지 않다. 경영진은 기존에 해 오던 방식대로 솔루션을 찾아낼 수 있다.

이를테면, 배달 음식점을 운영하는데 고객 만족도 별점이 지속적으로 떨어진다고 해 보자. 이럴 때는 고객 후기를 보고 그에 맞춰 대응하면 된다. 너무 짜고 맵다는 후기가 많다면, 그에 맞춰서 간을 심심하게 조절하면 된다. 배달이 너무 늦다고 하면, 배달 대행 업체를 바꾸거나 배달 기사의 수를 늘리는 식으로 조절할 수 있다. 머리카락 등 이물질이 들어 있다는 불만도 나올 수 있다. 음식을 만들 때 위생 모자를 쓰면 된다. 한번 나빠진 평가를 다시 올리기까지는 오랜 시간이 걸릴 수 있다. 그러나 문제 자체를 해결하는 방식은 어렵지 않다. 더 청결하고 맛있게 음식을 만들어 신속 정확하게 배달하는 것이다.

2) 두 번째 종류는 **가설 문제(Hypothetical Problem)**다. 문제가 무엇인지는 대략 알지만, 정답은 모르는 경우다. 선형 문제와 비교했을 때 불확실성이 더 높다. 이런 문제는 먼저 가설을 세우고 실험을 해 보면 정답을 찾아낼 수 있다.

배달 음식점으로 돌아가 보자. 비용을 적잖이 들여 새로운 메뉴를 개발했는데 반응이 좋지 않으면 매장 운영에 큰 타격이 예상되는 상황이다. 그럼 당장 신메뉴를 출시하는 대신, 가족과 친구, 주변 지인들에게 시식 후 평가를 부탁해 본다. 양은 적당한지, 간은 잘 맞는지 1~10까지 척도를 두어 평가를 받으면, 개선할 점을 찾아낼 수 있다. 많은 사람들에게 문의할수록 답도 더 정확해진다.

다만 가설을 잘 세워야 하고, 실험도 정확하게 해야 한다. 음식점 주변에 대학교가 있어 고객 연령대가 20대인데, 맛 평가를 40~50대에게 받는다면? 당연히 타깃 고객층의 입맛을 저격하기 어려울 것이다.

3) 세 번째 종류가 정말 문제다. 문제도 모르고, 답도 모를 때다. 이를 **미지의 문제**(Big Unknown)라고 부른다. 지금까지 해왔던 방식으로는 안 된다는 걸 직감할 정도로 불확실성투성이인 경우다.

배달 음식점의 운영은 정상적이다. 별점은 높고 후기는 '맛있다'는 칭찬으로 가득하다. 배달 서비스에도 문제가 없다. 그런데 매달 매출이 줄어든다. 옆 가게도 올해 들어 주문이 줄고 있다며 걱정하더니 며칠 전 장사를 접었다.

이유는 정말 다양할 수 있다. 이를테면, 주변에 타깃 고객층이 겹치는 경쟁 음식점이 들어왔을 수 있다. 손님이 나뉘니 매출이 떨어진다. 또는 최근 배달 서비스의 발전에 따라 배달 가능 지역이 넓어지면서 과거에는 경쟁 상대가 아니었던 근방의 음식점들이 경쟁 상대가 됐을 수도 있다. 주인도 모르는 새에 갑자기 경쟁자가 늘어난 셈이다. 또는 공교롭게 요즘 유행하는 배달 음식 종류가 바뀌었을 수 있다. 치킨·피자·짜장면 같은 스테디셀러가 아니라면, 대부분의 메뉴는 유행을 조금씩

탄다. 조류 독감이나 돼지 열병과 같은 감염병으로, 특정 메뉴
가 외면 받을 가능성도 있다. 이런 경우는 수요 자체가 줄어드
는 것이다.

1, 2번 문제는 기존의 경영학적 접근 방식이 더 빠르고 효율
적이다. 그러나 3번 문제는 사회적, 문화적 맥락이 얽혀 있기
때문에 더 넓은 시야에서 고객이 처한 상황, 고객의 행동 양식
등을 이해할 필요가 있다. 즉 기존 방식으로는 해결할 수 없고,
더 창의적인 대안이 필요하다. 바로 레드 어소시에이츠의 3법
칙이 빛을 발할 때다.

레드 어소시에이츠라면 이 문제에 어떻게 접근했을까. 아마
'배달은 어떤 의미인가'부터 볼 것이다. 누가 배달을 시키는지,
언제 주로 시키는지, 배달 음식의 만족도는 어떤지 고객의 삶
으로 파고들어가 두꺼운 데이터를 모을 것이다.

우리는 언제 배달 음식을 주문하고 먹을까. 집에서는 조리
하기 어려운 특정 음식이 먹고 싶을 때, 음식을 조리할 시간이

없거나 조리 자체가 귀찮을 때, 또는 차라리 직접 조리하는 것보다 배달시켜 먹는 게 더 저렴하다고 느껴질 때 배달 음식을 찾는다.

그래서 배달 음식의 주 소비층은 1인 가구, 혹은 맞벌이를 하는 신혼 가구다. 이들은 배달 음식의 간편함은 좋아하지만, 배달 음식을 먹고 난 뒤 버려야 하는 일회용 쓰레기는 부담스러워 한다. 배달 음식을 너무 많이 먹으면 건강에 해가 되지 않을까 우려하기도 한다.

관찰을 통해 두꺼운 데이터를 얻었다면, 경쟁자와 차별화하고 매출을 높일 수 있는 수단이 여럿 나온다. 이를테면, 비용이 조금 더 들더라도 원료의 품질을 높여 건강함을 강조할 수 있다. 배달 음식 포장 용기를 재활용 종이로 바꾼 뒤, 친환경 음식점으로 포지셔닝할 수도 있다. 그 외에도 다양한 창의적 솔루션이 나올 수 있다.

레드 어소시에이츠의 3법칙은 불확실성 속에서 창의적이면서도 확실한 솔루션을 끌어내는 게 목표다. 그 방법으로 고객의 삶에 파고든다. 문제도, 해결책도 결국 고객의 삶 속에서 나온다는 관점이다.

앞서 사례로 든 배달 음식점은 정상적으로 운영되는 듯 보였지만, 매출이 하락한다는 위기 신호가 있었다. 어떤 이유로 매출이 하락하는지는 몰랐지만, 매출 하락이란 뚜렷한 '현상' 덕분에 무언가 새 전략이 필요하다는 걸 알 수 있었다.

그런데 복잡다단한 비즈니스의 세계에선 이런 신호조차 발견하지 못할 때가 많다. 재무제표 속 각종 수치는 양호하고, 증권가의 전망도 괜찮았는데, 어느 순간 경쟁사에 밀리거나, 새 기술이 등장해 시장을 잃는 기업들이 종종 나온다. 예컨대, 20세기 필름 시장을 호령하다가 디지털 카메라의 출현과 함께 고꾸라진 코닥처럼.

기업을 몰아세우는 위기의 종류가 다양한 만큼, 기업 경영진은 항상 촉각을 곤두세우고, 문제의 신호에 집중해야 한다. 레드 어소시에이츠는 '세 가지 신호'에 귀를 기울일 것을 권한다.

1) 회사의 비용 구조에서 **광고비가 차지하는 비중이 연구 개발비보다 높을 때**. 이는 사람들을 억지로 설득하고 있다는 뜻

이고, 위기가 닥쳐올 것이라는 징조에 해당한다.

> # 2008년 창업, 2011년 전국에 매장 800개를 둘 정도로 급속 성
> 장한 카페 프랜차이즈 '카페베네'는 2013년 광고 선전비로 101
> 억 원을 썼다. 2013년 카페베네 영업 이익은 40억 원이었는데,
> 2.5배를 광고에 쓴 것이다. 같은 업종의 커피빈코리아(3억 원),
> 탐앤탐스(11억 원) 등과 비교하면 10~30배 더 쓴 것이다.[2]

그럼에도 카페베네는 정작 카페의 본질인 커피 맛에서는 높
은 평가를 받지 못했다. 2015년 한국소비자원 조사에서 카페
베네는 7개 커피 전문점 중 맛 항목에서 5위에 그쳤다. '저가
원두를 쓰는 것 같다'는 평가가 나올 정도로 맛에 대한 비판이
적지 않았다.

---

2   신현호, "지난해 '−20억' 카페베네, 접대비 15억 '펑펑'", 〈파이낸셜투
데이〉, 2014년 9월 1일

2) 전략 미팅에서 새로운 아이디어가 나올 때마다 누군가가 '그건 우리 회사 방식과는 맞지 않는다'고 배척하는 일이 잦을 때. 이는 회사에 새로운 아이디어가 태어날 수 없다는 것을 뜻하며 반드시 문제가 발생한다.

2002년 고급 음향 기기 전문 업체 뱅앤올룹슨은 '사람들이 음악을 듣는 방식'이 달라지고 있음을 알고 있었다. 그 이전까지 음악은 거실에 설치한 음향 기기와 스피커를 통해 듣는 것이었지만, MP3 플레이어가 등장하면서 출근길이나 운동 중에 즐기는 사람이 늘어났다. 음악이 모바일 영역으로 들어가고 있었던 것이다. 그러나 이 내용을 보고 받은 뱅앤올룹슨 한 임원은 이렇게 말했다. "방식이 바뀌는 건 알고 있다. 그러나 우리는 그런 일은 하지 않는다."[3]

---

3 크리스티안 마두스베르그, 미켈 라스무센,《우리는 무엇을 하는 회사인가?》, 타임비즈, p. 2~6

뱅앤올룹슨은 2010년대에야 모바일 헤드폰이나 블루투스 스피커 등 모바일 시장에 본격적으로 진출했다. 스마트폰으로 음악을 듣는 일이 자연스러운 지금은 애플의 에어팟, 삼성의 갤럭시 버즈가 시장을 장악하고 있다. 만약 뱅앤올룹슨이 5년 먼저 뛰어들어 IT 공룡들과 손을 잡았더라면 오디오 시장의 판세는 지금과 달랐을지 모른다.

3) 업계 내 관련 분야에서 **다양한 스타트업이 탄생하고, R&D가 활성화되고, 새로운 특허가 나온다면** 이는 업계가 혁신적으로 뒤바뀔 가능성을 시사한다.

1992년 당시 세계 최고 가전 업체였던 소니는 MD 플레이어를 새로 개발 출시했다. 카세트테이프를 대체하는 나름의 혁신이었다. MD는 소니 워크맨의 전설을 이을 유력한 후보로 성장을 거듭했다. 1990년대 후반 한국에서 MP3 플레이어가 나왔을 때도, 소니는 음질, 가격, 재생 시간 등에서 MD가 더 낫다고 판

시대의 변화를 감지하지 못한 소니. © Getty Images

단했다. 소니는 무언가 시장이 달라지고 있다는 낌새는 느꼈겠지만, ① MD는 자체 경쟁력이 있어 문제가 없다고 생각했고, ②MP3에 대응해야 할 필요성을 못 느꼈다. 그러나 시장의 흐름은 MD를 건너뛰어 MP3로 빠르게 옮겨 갔다. 생각보다 기술이 빠르게 발전하면서, 가격은 낮아지고 재생 시간은 길어졌다. 컴퓨터로 음악을 언제든 교체할 수 있는 편의성을 앞세워 시장을 잠식해 갔다. 애플의 아이팟은 결정타였다. MD 플레이어가 출시 이후 10년간 1,400만 대 팔렸는데, 아이팟은 출시 6년 만에 1억대 넘게 팔렸다. 소니는 2010년 MD 생산을 중단했다.[4]

4 김범석, "소니 '워크맨 혁명' 30돌⋯'혁신'을 열었지만 '혁신'에 밀리다", 〈동아일보〉, 2009년 6월 15일

이들 기업은 성장의 시기에 위기의 전조를 무시했고, 그래서 곤혹스러운 상황에 처했다. 소니는 음향 기기 사업을 거의 접고, 이미지 센서·게임·콘텐츠 회사로 사업을 틀어야 했다. 뱅앤올룹슨은 2008년 금융 위기로 회사 존립이 위태로워지고 나서야 변화에 나섰고, 그나마 빠르게 사업을 모바일 중심으로 전환한 덕분에 2010년대 중반부터 다시 성장세로 돌아섰다. 카페베네는 법정 관리와 매각 절차를 거쳤으나 아직도 부활하지 못했다.

반면 또 다른 몇몇 기업들은 이런 신호를 알아채고, 평온한 순간에서도 다가오는 위기를 미리 감지해 비즈니스 모델을 개선하고 재도약했다. 앞으로 소개할 삼성전자와 아디다스 등이 그렇다.

신문 기자로 일하며 직접 만난 글로벌 기업들은 모두 시시때때로 위기를 겪었다고 말했다. 하지만 결국 위기를 기회로 만들어 성공한 기업들에는 레드 어소시에이츠의 3법칙이 저마다의 방식으로 녹아 들어 있었다. 위기 신호를 빠르게 탐지

해 문제를 찾아 나섰고, 고객을 깊이 탐구했으며, 그동안 발견하지 못했던 통찰을 발견해 창의적인 솔루션으로 발전시켰다. 그 결과 독창적이면서도 누구나 공감할 수 있는 해결책을 찾아내 재도약했다.

이어지는 2장에서는 여러 기업들의 사례를 살펴보며, 이들의 성공에 레드 어소시에이츠의 3법칙이 어떻게 스며들어 있는지 확인해 보려고 한다.

2장

질문을 다시 써라

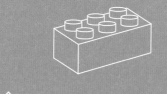

2000년대 중반, 삼성전자의 텔레비전 부문은 안갯속을 헤매고 있었다. 삼성이 만든 TV는 각종 최신 기술을 탑재했지만, 글로벌 시장에서 일본 소니에 한참 뒤처지는 상황이었다.

TV의 외관은 다들 알다시피 거기서 거기다. 넓은 디스플레이와 이를 둘러싼 까만 박스, 아래쪽에 전원과 각종 기능 버튼이 달려 있는 모양이 익숙하다. 브랜드 로고가 붙어 있지 않으면, 일반 소비자는 누가 만든 TV인지 한눈에 알아보기 어렵다. 가전제품 매장에 진열된 TV 위에 '기술 대상'을 받았다는 스티커가 덕지덕지 붙어 있는 것은, 똑같은 모양의 TV라도 '우리 제품이 더 뛰어나다'고 알리려는 이유에서다. 삼성전자도 마찬가지였다. 삼성전자는 '삼성이 만든 TV는 최첨단 전자 제품'이라는 메시지를 고객에게 전달하고 싶어 했다.

물론 기술력만 놓고 봤을 때 삼성 TV는 '끝판왕'에 가까웠다. 영상의 화질은 가장 뛰어났고, 소리는 깨끗했다. 아무리 고민해봐도 경쟁에서 이기지 못하는 이유를 찾을 수 없었다. 도대체 어떤 TV를 만들어야 시장에서 경쟁사를 물리치고 승리할 수 있을까. 삼성전자는 레드 어소시에이츠에 도움을 청했다.

레드 어소시에이츠의 첫 조언은 '질문을 다시 쓰라'는 것이었다. 과거 삼성은 이런 물음에 사로잡혀 있었다.

'어떤 TV가 더 잘 팔릴까?'
'소비자는 어떤 기술을 가진 TV를 선택할까?'
'더 잘 팔리는 TV를 만들기 위해서는 어떤 기술을 더 발전시켜야 할까?'

레드 어소시에이츠는 이런 질문에 해답을 주지 않았다. 대신 '가정에서 TV는 어떤 의미를 갖고 있는가'를 알아보자고 제안했다. 구매 과정에만 집중하지 않고, 고객의 삶에서 TV의 역할은 무엇인지, 고객이 TV에 대해 어떤 인상을 갖고 있는지 연구하기로 한 것이다.

조사 팀은 앞서 레고 때와 마찬가지로 데이터를 수집하기 시작했다. 집에서, 사무실에서, TV가 존재하는 모든 공간에서 사람들의 행동과 생각을 관찰했다. TV가 없을 때는 사람들이 어떻게 미디어 콘텐츠를 소비하는지 지켜봤다. TV가 켜져 있을 때는 물론, 꺼져 있을 때도 TV의 역할을 탐구했다. 조사 팀의 관찰 결과는 대략 이렇다.

1) 사람들은 TV를 대부분 거실에 둔다.
2) 사람들은 TV가 기술적으로 발전하는 건 좋다고 생각하지만, 기술 용어의 의미는 잘 이해하지 못했다.
3) 어떤 TV를 살지 결정권은 대부분 남편보다는 아내에게 있었다.
4) 종종 TV 디자인이 예쁘지 않다는 불만이 있었다.

집의 거실을 떠올려 보자. 20~30평대 아파트 거실에서 TV가 갖는 존재감은 상당히 크다. 한쪽 벽에 소파를 두고 마주하는 벽에 TV를 두는 것이 일반적이다. 집에서 가장 넓은 벽면 하나를 TV가 차지한다. 벽걸이형 제품이 흔치 않았을 때는 TV를 받치는 거실장을 설치하고, 주변에 스피커나 미디어 플레이어, 게임기 등을 함께 올려뒀다. TV가 켜져 있을 때는 물론이고, 꺼져 있을 때도 TV는 거실 인테리어의 중심이 된다.

사람들은 집에 오래 머물수록 TV를 자주 본다. 남편보다는 아내와 아이들의 시청 시간이 상대적으로 더 긴 것으로 나타났다. 저녁 시간에 TV를 가장 많이 켜 둔다. 하루 일과를 마친 가족 구성원들이 모여 뉴스나 드라마, 스포츠 경기를 시청하기 때문이다.

레드 어소시에이츠는 이런 관찰 조사를 통해 'TV는 가구'라는 새로운 통찰을 이끌어 냈다. 과거 삼성전자의 시각에서 TV는 첨단 가전 제품이었다. 하지만 가정에서 TV는 가전 이상의 역할을 수행하고 있었다. 가족 구성원을 한데 모으는 중심점이자, 하루의 스트레스를 해소하는 도구, 또 거실 중앙을 차지하는 커다란 가구로서 뚜렷한 존재감을 가지고 있었다.

가구라는 관점에서 TV의 디자인을 논의해야 할 시점이었다. 사람들은 이왕이면 더 예쁜 가구, 다른 가구와 조화를 이루는 가구를 집에 두고 싶어 했다. 삼성은 TV 제품 전체를 새롭게 디자인하기 시작했다. 시간이 흘러도 지루해 하지 않을 디자인이 필요했다.

삼성전자 TV 개발팀은 스피커 출력은 몇 와트로 하고, 연결 단자는 몇 개 넣고, 해상도는 얼마여야 한다는 식의 '엔지니어' 기반의 연구에서 벗어났다. 그러고는 고객이 느끼는 디자인이나 편의성 측면에서 활발한 토론을 나누기로 했다.

소파에 편안히 앉아 TV를 시청하는 고객의 시각에서 바라보니, TV와 연결되는 수많은 전선이 정신 사나워 보였다. TV 받침대 안에 선을 정리할 수 있는 공간을 만들어 감췄다. TV 스피커가 화면 밖으로 돌출돼 있어, 영상과 소리가 서로 다른 곳에서 나오는 게 느껴져 몰입을 방해한다는 점도 발견했다. 스피커를 TV 화면 하단에 숨겨 소리가 화면에서 나오는 느낌을 줬다.

네모난 TV 화면은 유지했지만, 베젤과 받침대를 통해 전체 모양을 유선형으로 바꿨다. 와인 잔의 모습이 떠올랐다. 와인

삼성 보르도 TV. 와인 잔을 모티브로 디자인됐다. ⓒ삼성전자

이 담기는 부분(Bowl)이 TV 화면이라면, TV 기둥과 받침대가 가느다란 와인 잔 다리(Stem)와 밑둥(Base)처럼 보이게 했다. 삼성전자는 이 TV의 이름을 '보르도 TV'로 붙였다. 보르도는 프랑스의 유명한 와인 산지다.

삼성전자의 신형 보르도 TV는 가전제품 전시장에서 홀로 유려한 모습을 뽐냈다. 집 인테리어와 어울리는 예쁜 TV를 원하던 가정의 수요를 빨아들이면서 출시 5개월 만에 100만 대 넘게 팔렸다. TV 시장 역사에 기록될 베스트셀러였다. 보르도 TV는 이후 수년간 TV 디자인의 표준으로 여겨졌다. 2000년대 초반 삼성전자의 글로벌 TV 시장 점유율은 10퍼센트에 못 미쳤지만, 2006년 보르도 TV 출시 이후 14.6퍼센트로 수직 상

승해 세계 1위 TV 업체로 거듭났다.[5]

삼성전자는 'TV는 가구'라는 제품 철학을 지금도 유지하고 있다. 2015년에는 세계적 가구 디자이너 로낭&에흐완 부홀렉(Ronan & Erwan Bouroullec) 형제와 함께 '세리프 TV'를 디자인했다. TV 베젤의 색상을 바꾸고 디자인을 개선해 정말 가구처럼 만들었다. 얇고 길쭉한 지지대를 달아 별도의 받침대 없이 바닥에 두어도 소파에 앉은 시청자의 시야에 화면이 잘 들어오도록 개선했다. 2020년 현재 삼성 TV의 글로벌 시장 점유율은 31.8퍼센트로 압도적인 시장 지배력을 지키고 있다.

애초에 삼성전자가 갖고 있던 질문들, 즉 '더 잘 팔리는 TV를 만들려면 어떤 기술을 개발해야 할까' 또는 '더 해상도가 높고 음질이 깨끗한 TV를 만들려면 어떻게 해야 할까' 등은 경영학적 접근 방식에서 도출된 질문이다. 무엇보다 '고객은 기술적으로 뛰어난 TV를 좋아할 것이다'라는 가설을 기반으로

했다.

반면 레드 어소시에이츠의 질문은 철학적 접근에서 시작된다. 'TV는 어떤 의미를 가지고 있는가.' 이 질문은 '사람들은 언제, 왜 TV를 보는가', 'TV를 통해 사람들은 무엇을 경험하는가', 'TV가 충족시켜 주는 가치는 무엇인가' 등으로 확장되며, 삼성전자가 TV라는 제품의 본질에 한걸음 더 다가설 수 있게 도왔다.

레드 어소시에이츠는 어떤 문제를 탐구할 때 가설을 세워 두지 않고, 있는 그대로의 현상을 탐구한다. (프롤로그에서 '가설 없는 탐구'를 소개했다.) 기존에 발견하지 못했던 새로운 통찰을 찾아내기 위해 최대한 편견을 배제하려고 노력한다. **어쭙잖게 알고 있는 것보다는 차라리 지식을 비워 내고 '무지(無知)'에서 시작하는 게 더 유용하다는 관점이다.**

편견 없이 현상을 연구하는 방법이 곧 철학이다. 철학은 앞서 설명했듯이, 인간이라면 누구나 갖고 있는 호기심에서 시작된다. 원점에서 재시작이 필요할 때, 철학적 질문을 던져 볼 필요가 있다. 이 방식이 왜 기존 경영학적 접근 방식보다 더 유용한지에 대해서 다음 장에서 더 구체적으로 알아볼 것이다.

고객은 생각보다
더 비합리적이다

경제학·경영학적 접근은 일견 합리적인 듯 보이지만, 고객의 행동 양식과 심리를 이해하는 도구로서는 완벽하지 않다. 전통 경제학은 '인간은 가장 경제적이고 합리적으로 결정한다'는 전제를 바탕으로 한다. 모든 인간은 최소한의 비용으로 최대의 효용을 보기 위해 꼼꼼히 계산하고 움직인다는 것이다.

정말 그럴까. 레드 어소시에이츠의 미켈 라스무센 CEO가 인터뷰 도중 내게 퀴즈를 냈다.

"어떤 사람이 신발을 사러 간다고 칩시다. 하나의 신발을 집어 들어 계산하기까지 어떤 의사 결정 과정을 거칠까요? 여기 세 가지 보기가 있습니다. 골라보세요."

1) '나는 내가 사고 싶은 신발이 무엇인지 알고 있고, 정확한 사이즈와 원하는 색도 알고 있으며, 어디서 가장 저렴하게 살수 있는지 알고 있다. 그래서 목표한 상점에서 의도했던 가격대에 맞춰 원했던 신발을 산다.'

당신은 사고 싶은 신발이 무엇인지 알고 구매하는가? ⓒ Getty Images

2) '나는 신발을 사고 싶지만 어떤 모양, 어떤 브랜드의 신발을 사야 할지는 모르겠다. 어디서 사야 할지도 잘 모른다. 가게를 돌아다니다가 제법 괜찮은 신발을 발견하고 매장에 들어가서 그것을 산다.'

3) '나는 신발이 필요한지 아닌지 잘 모르겠다. 그러나 어찌 됐든 산다.'

나는 2번을 골랐고, 틀렸다. 라스무센 CEO는 득의양양한 미소를 만면에 띠고 "답은 3번"이라고 말했다.

"전 세계 신발의 80퍼센트가 3번 가설에 따라 팔립니다. 대부분 어쩌다 보니 신발을 삽니다. 그리고 나서 '나는 사실 이런 신발이 필요했고, 생각했던 가격대에서 좋은 브랜드의 물건을 잘 산 것 같다.'라고 나중에 합리화합니다. 많은 기업들은 '고객은 합리적인 인간이며, 특정 브랜드, 특정 가격대, 특정 디자인의 제품을 원한다'고 생각하지만, 실제로 조사해 보면 고객은 자신이 어떤 물건을 원하는지 아닌지도 모른 채 쇼핑을 하며, 회사가 달아 둔 제품 정보는 신경도 쓰지 않습니다. **회사는 숫자와 데이터로 고객을 분석하려고 하지만, 사실 고객은 그럴 수 없는 존재라는 겁니다.**"

그의 말대로라면 인간은 의식의 문턱 아래에서 무언가를 충동적으로 선택하고 결정한 뒤, 그 결정을 합리화하는 근거를 찾아낸다. 라스무센 CEO는 "전통 경제학의 모형은 그 전제가 잘못됐습니다."라고 주장한다.

고객의 비합리성에 대해서는 이미 많은 학자들이 연구한 바 있다. 많은 사람들이 사는 물건이라면 그럴 이유가 있을 테니 나도 따라서 산다는 '밴드왜건 효과(Bandwagon effect)'를 예로 들 수 있다. 반대로 사람들이 많이 사는 물건은 식상하니까 나는 사지 않겠다는 '스노브 효과(Snob effect)'도 있다. 서로 모순되지만 엄연히 상존한다. 최소 비용 및 최대 효용 같은 경제학적 판단보다는, 다른 사람의 구매 여부가 내 구매에 영향을 준다는 심리학적 분석이다.

다른 사람의 주목을 끌기 위해 값비싼 물건을 구매하는 '과시 효과'는, 가격이 오르는데도 수요가 줄기는커녕 오히려 증가하는 '베블런 효과(Veblen effect)'를 만들어 냈다. 샤넬, 에르메스 등 글로벌 명품 브랜드들은 매년 가방과 의류 가격을 인상하지만, 가방 하나를 사기 위해 매장 앞에 늘어선 줄은 길어지고 있다.

흔히 사실이라고 믿기 쉬운, 그러나 실제로 비즈니스에는 별로 도움이 되지 않는 인간에 대한 전제는 다음과 같다.

1) 인간은 개별적이며, 스스로 생각하는 존재다.

2) 인간은 자신의 의향·의도를 잘 알고 있다.

3) 인간은 다양한 선택지를 비교 평가한 뒤, 자신에게 최적의 제품을 선택한다.

그렇다면 실제로는?

1) 인간은 사회적 존재이며, 의사 결정은 자신이 속한 사회·조직에 따라 이뤄진다.
2) 인간은 자신이 무엇을 원하는지 정확하게 알지 못한다.
3) 인간은 오랜 기간 고민하지 않고 순식간에 판단을 내린다.

　전통적인 경제학·경영학에서는 어째서 인간을 합리적인 존재로 규정했을까. 그래야 편리하기 때문이다. 기업이 가장 피하고 싶은 것은 '불확실성'인데 불확실한 요소는 대내외에 산재해 있다. 공급망 관리, 생산, 유통, 판매는 물론 코로나19와 같은 감염병, 기후 변화까지도 모두 기업 경영에 영향을 미친다.

　이런 상황에서는 도무지 여러 상황에 통용되는 원칙을 세울 수가 없다. 경제학·경영학이 만든 각종 모델의 '예측 가능성'을 극대화하기 위해, 인간을 '합리적 존재'로 가정한 셈이다. 하지만 인간은 몇 가지 모델로 분석될 만큼 단순하지 않다. '모두가 그때 그때 상황에 따라 달라질 수 있다'는 현실을 받아들여야 한다.

인간이 감정적이고 비합리적인 존재임을 이해했다면, 이제 조심해야 할 것이 하나 더 있다. 바로 숫자다.

"숫자는 진실의
파편일 뿐이다"

기업 활동은 곧 숫자로 대변된다. 대부분의 기업은 숫자를 중요하게 생각한다. 투자자들은 재무제표 속 숫자를 보고, 회사가 원활하게 돌아가고 있는지 파악한다. 자본과 부채 등 자산 규모를 보면, 이 기업이 한 나라나 업계에서 어떤 위상을 차지하고 있는지 알 수 있다. 한 해 매출액과 영업 이익, 그리고 그 증감률은 회사가 잘 성장하고 있는지를 보여 준다. 숫자는 기업의 성과를 정확하게 표현하고, 기업 간 비교를 수월하게 돕는다는 점에서 편리한 측정 도구다.

숫자를 들이밀면, 투자자나 광고주 등 기업의 이해관계자를 설득하기도 쉬워진다. 카카오나 네이버와 같은 온라인 플랫폼을 예로 들어 보자. 사용자 수가 100만 명인 회사와 1,000만 명인 회사 가운데 누가 더 많은 수익을 낼 수 있을지는 자명하다. 고객 수가 얼추 비슷하다면, 고객 한 명이 하루 평균 플랫폼에 머무는 시간을 잰다. 플랫폼에서 제공하는 수십 가지 서비스 가운데 몇 가지 서비스를 사용하는지도 측정한다. 더 나아가면, 사용자 1명이 평생 이 기업에 가져다주는 평균 매출,

그 결과 이 기업의 미래 가치도 예측해 낼 수 있다.

숫자는 분명 사실(fact)이다. 그러나 한 가지 잊지 말아야 하는 건 숫자가 진실(truth)을 오롯이 보여 주지는 못한다는 점이다.

2008년 글로벌 금융위기를 촉발했던 미국 리먼 브라더스 파산 사태를 되돌아보자. 이 거대 투자 은행은 앞서 2003~2004년 2년에 걸쳐 주택 담보 대출 업체 다섯 곳을 인수했다. 그중 두 곳은 신용 등급이 낮은 사람들에게도 주택 담보만 있다면 자금을 융통해 주는 '서브 프라임 모기지' 업체였다.

미국 부동산 시장의 호황이 10여 년간 이어지고 있었기 때문에, 전문가들은 앞으로도 집값은 오르기만 할 것이라고 예측했다. 채무자가 제때 상환할 가능성이 적은 대출이 빠르게 늘어났지만, 투자 은행 사람들은 '돈을 갚지 않으면 담보 잡은 주택을 처분하면 되니 손해 볼 일은 없다'고 판단했다. 주택 가격 상승률이라는 '숫자'를 보면 합리적인 판단이었다. 부실 대출과 적정 대출 수백 건을 한데 묶어 부채담보부증권이나 자

2008년 파산 직전 뉴욕에
자리 잡고 있었던
리먼 브라더스 본사.
© Wikipedia

산유동화증권 같은 복잡한 금융 상품으로 만들어 팔았기 때문
에, 부실률이라는 '숫자'도 양호해 보였다.

마구잡이 대출을 가능하게 했던 '호황'이 어느 날 끝났다. 부
동산 시장은 과열됐던 만큼 급격히 하강하기 시작했다. 집값
이 폭락하자 부실 대출은 줄줄이 부도가 나기 시작했다. 은행
의 예상과 달리 담보 잡힌 집을 처분해도 대출금의 절반도 회
수하기 어려운 경우가 다반사였다. 채무자들은 거리로 나앉았
고, 투자 은행은 파산했다. 리먼 브라더스를 믿고 거래해 왔던
글로벌 금융 기관들도 도미노처럼 쓰러졌다.

기업은 종종 소비자를 대상으로 척도 조사, 선호도 조사
등을 한 뒤, 이를 수량화해 신제품을 개발하거나 기존 제품

을 개선한다. 그러나 소비자의 목소리를 100퍼센트 따라가는 게 정답으로 이어질지는 알 수 없다. 소비자는 자신이 원하는 게 무엇인지, 어떤 점이 불편한지를 잘 모르고 있을 가능성이 높기 때문이다.

덴마크의 한 대학교에서 실시한 연구 조사에 따르면, 사람들은 '당신은 보통 사람들보다 더 운전을 잘하는 운전자인가요?'라는 질문에 대해 응답자의 95퍼센트가 "그렇다"고 대답했다.[6] 도로의 현실을 생각해 보면 불가능한 숫자다. 그래서 기업은 소비자의 말을 적당히 새겨들어야 한다.

미켈 라스무센 CEO는 "숫자는 진실의 파편일 뿐입니다. 아무리 믿음직스러워 보여도 100퍼센트 확신해선 안 됩니다."라고 신신당부했다.

---

6   크리스티안 마두스베르그, 미켈 라스무센,《우리는 무엇을 하는 회사인가?》, 타임비즈, p.2~4

"최근 제가 집에서 친구들을 초대해 파티를 열었습니다. 요리를 하느라 너무 바빠서 딸 아이에게 테이블 세팅을 부탁했어요. 이렇게 말했죠. '테이블에 접시 8개만 가져다줄래?' 딸 아이는 그러겠다고 했습니다. 그런데 제가 요리를 마치고 보니, 테이블은 전혀 준비되어 있지 않았어요. 구석에 접시 8개가 쌓여 있긴 했지요. 아이는 제 말을 문자 그대로 해석해 접시 8개를 '가져오기'만 했던 겁니다.

숫자가 100퍼센트 잘못됐다는 것은 아닙니다. 실제로 들어맞는 부분이 많죠. 그런데 만약 틀리다면요? 또는 숫자만으론 설명할 수 없는 다른 요인이 있고, 이게 기업의 성패와 직결된다면요? 고객은 때로 기업이 예측하는 것과는 전혀 다른 선택을 합니다. 잘못된 신제품 하나로 망한 회사가 얼마나 많았습니까? 중요한 건 숫자와 데이터에만 연연하다가 세상이 굴러가는 걸 놓칠 때가 생길 수도 있다는 겁니다. 기존 경영학의 기술적인 접근이 고객을 이해하는 최고의 방법이라고 확신했다가는 큰 위기에 빠질 수 있습니다."

　리먼 브라더스 사태로 되돌아가 보자. 당시 천재 투자자 마이클 버리는 미국 부동산 시장의 폭락을 예측하고, 상품 가격이 떨어질 때 수익을 버는 '공매도' 펀드를 구상했다. 그리고 모건스탠리의 헤지 펀드인 프론트포인트 파트너스의 스티브 아이즈먼이 버리의 펀드에 돈을 투자했다. 아이즈먼은 부동산 담보 대출 공매도 상품에 대한 PT를 보고 나서, 현장 조사를 나갔다. 서브 프라임 대출을 받은 채무자들을 직접 만난 것이다. 실직 상태라 소득이 없는 집주인, 키우는 개 이름으로 대출을 받은 집주인을 만나 대출이 얼마나 얼렁뚱땅 이뤄졌는지를 보고 들었다. 이자 상환마저 수개월째 연체하자 대저택을 비우고 도망간 채무자도 부지기수였다. 아이즈먼은 버리의 역투자가 성공할 것이라는 확신을 얻었다.

　아이즈먼은 2000년대 후반 금융 위기 속에서도 성공한 투자자가 됐다. 숫자에만 매이지 않고, 현장을 직접 다니는 불편함을 감수하면서 고객을 연구한 덕분이었다.

레드 어소시에이츠의 도움 없이도, 본능적으로 숫자보다 고객 그 자체를 더 중요하게 생각해 온 기업들이 있다.

이탈리아 피렌체에 본사를 둔 화장품·스킨케어 브랜드 산타마리아노벨라(Santa Maria Novella)가 좋은 사례다. '세계 최초의 약국'으로 불리는 산타마리아노벨라는 중세 말기인 1612년 피렌체 수도원의 수도사들이 민간 요법으로 만든 의약품을 일반 대중들에게 판매하기 시작했다. 수백 년간 이탈리아인들의 사랑을 받아 온 로컬 화장품 가게였다.

지금도 피렌체 수도원에 산타마리아노벨라의 소유권이 있지만, 실질적인 경영권은 기계 수리공 출신인 에우제니오 알판데리(Eugenio Alphandery) 회장이 가지고 있다. 1990년 산타마리아노벨라의 CEO가 된 그는 당시 매장 한 곳에 직원 5명뿐이었던 거의 망해 가던 산타마리아노벨라를, 전 세계 75개국에 진출시키며 직원 500여 명을 둔 중견 기업으로 성장시켰다.

산타마리아노벨라의 본사는 피렌체 수도원에 있다. 서울에서 비행기를 타고 이탈리아 밀라노를 거쳐 아름다운 도시 피

산타마리아노벨라 피렌체 본점. ⓒ 산타마리아노벨라

렌체로 향했다. 도시 중앙 산타 마리아 델 피오레 대성당(피렌체 두오모로도 불린다.)에서 걸어서 5분 정도 떨어진 본사의 회장 집무실에서 에우제니오 알판데리 회장을 만났다.

알판데리 회장에게 '브랜드가 400년 넘게 지속될 수 있었던 비결'을 물었다. 그의 답변은 이랬다.

"어떤 특별한 비결은 없었던 것 같습니다. 확실한 것은 우리의 첫 번째 목표는 돈을 버는 게 아니었다는 점입니다. 물론 수익이 나지 않으면 사업을 할 수 없으니 어느 정도는 벌어야 했죠. 그러나 그보다 중요한 건 열정, 브랜드를 이어 가면서 고객에게 한결같은 제품을 제공하겠다는 열정이었습니다. 돈만 벌려고 했으면 그 오랜 세월을 어떻게 버틸 수 있었겠습니까. **요컨대 우**

리는 의도적으로 숫자를 보지 않으려고 했습니다."

산타마리아노벨라는 400년 세월을 버티는 동안, 다양한 위기를 겪었다. 감염병이 유행하거나 전쟁이 벌어졌다. 국가 권력으로부터 국유화하라는 압박도 받았다. 1980년대 후반에는 로레알과 같은 화장품 대기업과의 경쟁에서 도태되며 경영난을 맞기도 했다.

알판데리 회장은 자신이 처음 산타마리아노벨라 경영을 맡을 무렵을 이렇게 기억했다. "회사가 그야말로 죽어 있었어요." 당시 산타마리아노벨라의 고객 대부분은 50~60대였다. 단골은 있지만 그 숫자가 많지 않고, 무엇보다 신규 고객을 유치하지 못했다. 과거의 영광을 기억하고 있는 고객에게만 어필할 수 있는 '낡은 브랜드'였다. 다시 말하자면 미래가 없는 상황이었던 것이다.

그렇다면 산타마리아노벨라는 고객들에게 어떤 의미이며, 앞으로는 어떤 가치를 줄 수 있었을까. 알판데리 회장은 "당시의 산타마리아노벨라는 제품 제조 기계와 매장이 너무 낡았고, 회사 직원이 5명뿐이라 사실상 체계가 없는 것이 문제였습니다. 그래도 400년이나 지속한 만큼, 제품의 품질만큼은 분명 좋았습니다."라고 말했다.

"우리 제품은 대부분 개발된 지 오래된 것이었어요. 내가 일곱 살 꼬마였을 때, 할머니가 썼던 장미 꽃잎을 우려 만든 스킨 토너의 냄새를 아직 기억하고 있어요. 할머니도 나도, 그 냄새로 하루를 시작하는 게 아주 익숙하고 당연한 일이었습니다. 400년 전 처음 만들어진 이 장미 꽃잎 토너는 지금도 인기 있는 제품이에요. 만약 제품의 품질이 형편없었다면 400년이나 남아 있을까요? 한번이라도 써 본 사람들은 단골 고객이 됐습니다. 품질이 좋다는 이야기죠. 그래서 우리는 옛 레시피를 고수하기로 했습니다."

산타마리아노벨라의 장미 꽃잎 화장수 향이 났던 할머니와의 추억은 알판데리 회장뿐 아니라 많은 이탈리아 국민이 공유하는 기억이었다. 알판데리 회장은 '고객이 사랑하는 제품의 품질을 무슨 수를 써서라도 유지하겠다'는 전략을 세웠다. 산타마리아노벨라는 과거 수도사들이 기록해 둔 레시피를 바탕으로 토너·비누·방향제 등을 만들기 시작했다.

단, 공정은 혁신했다. 기계 수리공이었던 알판데리 회장이 직접 화장품 생산 설비를 새로 만들어 옛것을 대체했다. 장미 꽃잎 토너를 만드는 데 일주일 걸리던 것을 사흘 정도로 압축했다. 기계 포장 덕분에 생산량도 늘릴 수 있었다. 생물학을 전공한 연구원을 고용해, 원료의 유해 여부, 특징, 기능성을 찾아냈다. 이 연구소는 지금도 산타마리아노벨라의 원료 품질을 높이는 데 기여하고 있다.

산타마리아노벨라가 서서히 부활하자 아시아 시장에서 주문이 쇄도했다. 그러나 알판데리 회장은 그 제안을 거절했다.

"우리 제품을 찾는 사람이 많아지는 건 좋은 일이지만, 역량을 넘어서는 수요를 쫓아가려 하면 품질이 떨어지는 불상사가 생길 수 있습니다. 400년 브랜드의 이미지가 망가지는 건 내가 가장 원치 않는 일이었어요."

그가 만약 숫자를 중요하게 생각하는 경영자였다면, 여기서 제안을 받아들여 빠르게 사세를 확장하려 했을 것이다. 그러나 알판데리 회장은 '수익을 희생하더라도 확장은 천천히 해야 한다'는 신념을 갖고 있었다. 심지어 산타마리아노벨라는 사업을 하면서 은행에서 돈도 빌리지 않았다. 오직 벌어들인 돈을 제품 개발에 오롯이 재투자하면서 천천히 발전해 왔다. TV 광고도 좀처럼 하지 않는다. 알판데리 회장의 말은 이랬다.

"TV 광고에 나오미 캠벨(영국 출신의 모델 겸 배우)이 나온다면 그 비용은 단연 고객이 치르는 거예요. 고객이 지불하는 가격 대비 제품의 품질은 떨어질 수밖에 없습니다. 고객들이 정말 만족한다면 주변에 알릴 겁니다. 특히 최근엔 소셜 네트워크 서비스가 발전하면서 바이럴 마케팅의 효과가 극대화되고 있습니다. '#산타마리아노벨라' 해시태그를 건 게시물이 점점 늘어나고 있습니다. 고객이 만족하고 있다는 뜻 아닐까요?"

　오랫동안 정체하던 회사의 매출이 빠르게 늘면 경영자는 더 빨리 더 가파르게 숫자를 끌어올리고 싶은 유혹에 사로잡힐 수 있다. 그러나 산타마리아노벨라는 '고객을 실망시키지 않는다'는 것을 재무제표 위의 숫자보다 훨씬 더 중요한 가치로 삼고 유혹에 빠져들지 않았다.

　수많은 기업이 소비자를 위한다고 하면서 숫자에 빠져들고 소비자와 멀어진다. 특히 기업이 커지면 커질수록 그런 현상이 자주 나타난다. 해답은 간단하다. 숫자 대신 사람을 보면 된다.

독일의 자동차 기업 벤츠를 창업한 카를 벤츠가 처음으로 자동차에 가솔린 엔진(내연 기관)을 얹은 때가 1885년이다. 이후 100년이 넘는 시간 동안 자동차 산업의 발전은 곧 내연 기관차의 발전과 동의어였다.

많은 자동차 회사가 더 빠른 자동차를 원했다. 그래서 최고 속도가 시속 450킬로미터에 달하는 레이싱 머신을 만들어냈다. 일부 업체는 효율성을 목표로 삼았다. 하이브리드 기술력을 갖춘 몇몇 업체들은 휘발유 1리터로 20킬로미터 이상 가는 자동차를 만들어 냈다. 가장 튼튼한 자동차를 만드는 데 집중하는 기업도 있었다. 내구성을 극도로 높여 20년 이상 타도 잔고장 없이 멀쩡한 차가 나왔다. 이는 모두 내연 기관 자동차가 산업의 기준일 때 얘기다.

테슬라가 전기차 세단 모델S를 출시한 2012년, 기준이 바뀌었다. 전기차는 내연 기관 차가 100년에 걸쳐 개발해 온 기술의 정수를 일순간 따라잡았다. 정지 상태의 자동차가 4초 이내에 시속 100킬로미터까지 가속하도록 만들기 위해, 내연 기관

차 연구 개발진은 엔진 성능 고도화에 수십 년을 몰두했다. 그러나 전기차는 배터리 출력을 높이는 단순한 변화만으로 단 3초 만에 시속 100킬로미터까지 가속할 수 있게 됐다.

전기차는 연료비가 적게 든다. 휘발유나 경유보다 저렴한 전기를 쓰기 때문이다. 심지어 부품 수는 내연 기관 차의 3분의 1 정도에 불과하다. 부품이 고장 날 여지가 줄어들었다. 배터리만 교체한다면 30년도 거뜬히 탈 수 있는 전기차가 나오기 시작했다.

자동차 산업의 패러다임은 이미 전환되었다. 전기차는 내연 기관 차가 100년에 걸쳐 이룩한 경지를 10년 만에 얼추 따라잡았다. 발전 속도의 격차는 앞으로 더 벌어질 것이다. 기존 자동차 업체들이 더 빠르고, 더 효율적이며, 더 튼튼한 내연 기관 차를 만들어낸다고 해도, 전기차는 한발 더 앞서갈 것이다. 늦어도 20년 뒤엔 내연 기관 차의 시대가 저물 것으로 보는 이유다.

이제 전기차 생산은 모든 자동차 업체의 선택지가 아니라 필수불가결한 과제가 됐다. 어떤 전기차를 만드느냐의 문제가 남았다. 더 빠르고, 효율적이며, 튼튼한 전기차를 만들면 될까.

여기서 질문을 바꿔 본 기업이 있다. 스웨덴의 볼보자동차다. 2021년 초 볼보가 온라인으로 개최한 연례 콘퍼런스를 통해 호칸 사무엘손(Håkan Samuelsson) CEO를 인터뷰했다.

볼보는 사람들이 언제 자동차를 타고, 운전자와 동승자들은 자동차 안에서 어떤 경험을 하는지, 그리고 사람들이 지금 자동차에 기대하는 가치는 무엇인가에 대해 고민했다. **사람들은 정말 시속 200킬로미터가 넘는 속도를 내며 달리는 자동차를 원할까?** 실생활에서 그 정도로 빠르게 달리는 운전자는 많지 않다. 대부분은 제한 속도가 시속 50킬로미터 이하인 도심을 달린다. 알고 보면 더 빠른 자동차를 만드는 것은 그다지 중요하지 않은 일인지도 모른다.

볼보는 차의 최고 속도를 시속 180킬로미터로 제한했다. 사무엘손 CEO는 "일상 생활에서 시속 180킬로미터 이상 달릴 일도 없거니와, 그런 속도에서 교통 사고가 났을 때 탑승객의

자동차 최고 속도에 의문을 제기한 볼보. ⓒGetty Images

생명을 100퍼센트 보장할 수 있는 기술은 없습니다.'라고 말
했다. 자동차 업계는 세상에서 가장 빠른 차에 열광해 왔다. 그
런데 볼보가 그 공식을 부정하고, '안전'을 최우선의 가치로 두
겠다고 선언한 것이다. 사무엘손 CEO의 말이다.

> "처음엔 내부적으로도 '자동차 속도를 제한하면 고객들로부터
> 외면받을 수 있다'고 우려했습니다. 그러나 막상 해 보니 '볼보
> 는 안전한 차'라면서 볼보를 구매하는 고객들이 더 늘어났죠. 우
> 리가 고민했던 것을 고객들도 고민하고 있었던 것입니다."

볼보는 오랜 기간 탑승객의 '안전'에 집중해 왔다. 현대식 안
전벨트도 볼보가 1959년 최초로 개발했다. 최근에는 안전해야
할 대상의 폭을 더 넓혔다. '지구의 안전'이다.

안전하다는 것은 어떤 의미인가. 무엇보다 생명이 위태롭지 않아야 한다. 지구 환경이 망가지면 지구상 모든 생명체가 목숨이 위험해진다. 코로나19 팬데믹 이후 전 지구적 환경 오염과 과다한 탄소 배출이 지구의 안전을 위협한다고 생각하는 사람들이 늘고 있고, 볼보는 그것을 놓치지 않았다. 사무엘손 CEO는 "인간은 기후 변화에 대응해야만 하고, 그러려면 탄소 배출량을 줄여야만 합니다. 이런 흐름이 명백하다면, 지금 당장 시작하지 않을 이유가 없습니다."라고 했다.

'더 지구 환경에 친화적인 자동차는 없을까?' 이 질문에 볼보는 2030년까지 100퍼센트 전기차 업체로 전환할 것을 선언하는 것으로 답했다.[7] 현재 판매 중인 모든 내연 기관 차에도 하이브리드 시스템을 적용하고 있다. 조금이나마 탄소 배출을 줄이기 위해서다. 이미 내연 기관 엔진 개발도 접었다. 지금까지 엔진을 개발해 온 연구 부서를 떼어 내 모기업인 중국 지리

차에 넘겼다. 지금까지 쌓아 온 유산을 포기하고 전기차 개발
에 전력을 다하겠다는 의지로 해석된다.

볼보는 내연 기관 차 시대에 지켜 왔던 전제를 폐기하고, 새
업체로 거듭나려는 중이다. 사무엘손 CEO의 말이다.

"지금까지 해 왔던 방식을 고수하는 것이 훨씬 더 위험합니다.
뒤늦게 변화하려면 도저히 따라갈 수 없기 때문입니다."

그의 말은 '옛날의 성공 방정식을 유지해서는 지금과 같은
대격변의 시대에 살아남을 수 없다'는 뜻으로 들렸다.

기업에는 관성이 존재한다. 그것은 이미 투자한 매몰 비용 때
문일 수도 있고, 사람들이 익숙하게 해 오던 일의 방식을 바꾸
지 못하기 때문일 수도 있다. 관성이 있어도 괜찮은, 즉 어제 통
했던 방식이 오늘 또 통하는 시기도 있다. 하지만 몇 가지 조건
이 필요하다. 이미 겪었고 해결해 낸 적이 있는 문제를 다시 맞
이했을 때, 또는 해결책에 측정 가능한 근거가 있을 때다. 다시

말해 불확실성이 적을 때, '무엇을 얼마나'에 대한 답을 내릴 때는 기존의 질문을 유지해도 별 문제가 없다.

그러나 세상이 변할 때는, 그동안의 질문을 과감히 내다 버려야 한다. 완전히 새로운 문제를 맞닥뜨렸을 때, 근거가 정량적이지 않고 정성적일 때, 기업 주변에 온갖 불확실성뿐일 때가 그럴 때다. '왜'에 대한 답을 내야 할 때는 기존에 해 오던 질문으로는 답이 나오지 않는다. 레드 어소시에이츠의 제1법칙이 '질문을 다시 써라'인 것은 이 때문이다.

물론 관성에서 벗어나는 것은 쉽지 않은 일이고, 고통이 수반되기도 한다. 그러나 문제를 바라보는 시각을 바꾸지 않으면 지금까지 해 오던 대로 일단 문제를 풀어 보느라 시간을 허비한다. 세상의 변화에 유연하게 적응할 수 있는 기회가 원천 차단되는 것이다.

그래서 기업은 관성에서 쉽게 벗어날 수 있는 조직 문화를 만들 필요가 있다. 볼보의 경우, 시대의 변화를 감지한 CEO가 개혁을 밀어붙였고, 조직원들이 이를 따라 일사불란하게 움직이고 있다. 볼보의 조직원들도 '지금 바뀌지 않으면 안된다'는 사실에 공감하고 있기 때문이다.

라스무센 레드 어소시에이츠 CEO는 인터뷰 때 "기업 조직이 한층 더 높은 시야를 가질 수 있도록 노력해야 합니다."라고 조언했다.

"종종 '우리는 단지 물건을 파는 게 아닙니다.'라고 주장하는 회사들이 있죠. 이들은 사업을 바라보는 시각이 한 차원 더 높습니다. 이를테면 스타벅스는 커피를 팔지만 그보다 '고객에게 여유로운 시공간을 제공한다'고 믿습니다. 코카콜라도 콜라를 앞세우기보단 '고객에 즐거움을 준다'고 합니다. 이들은 커피와 콜라라는 상품을 기반으로 한 서비스 비즈니스 모델을 만들고자 노력합니다. 그 결과, 회사 구성원들은 '물건만 잘 팔면 됐지'라고 생각하는 대신 '어떻게 하면 더 나은 고객 서비스를 제공할 수 있는가'를 고민합니다. 제품에 문제가 생겼을 때에도 제품 단계에서의 개선책만 고려하지 않고, 궁극적으로 고객 만족을 높일 수 있는 방법을 찾아내려고 합니다. 더 큰 시야로 사업의 당위성을 설명하는 게 말장난 같아 보이지만 기업 내부에서는 의외로 큰 효과를 냅니다."

　조직 구성원이 시대의 변화를 알아채고, 이를 구성원 전체가 공감할 수 있다면 관성에서 벗어나는 데 따라붙는 고통은 최소화하면서 조직이 원하는 방향으로 쉽게 움직일 수 있다. 그래야 기업이 새 기회를 마주했을 때 이를 놓치지 않을 수 있다.

펭귄 출판사,
'왜 가난한 이들은 책을 읽을 수 없는가?'

질문을 바꾸는 것은 위기를 헤쳐 나갈 수 있는 전략일 뿐 아니라, 새로운 사업으로 확장할 수 있는 기회도 열어 준다.

영국의 출판사 펭귄(Penguin)에서 낸 책을 읽은 적이 없더라도, 오렌지색 타원 안에 든 귀여운 펭귄 마스코트는 익숙한 이들이 많을 것이다. 1935년 창립한 이 출판사는 질문을 바꿔서 사세를 크게 확장했을 뿐 아니라, 전 세계인의 독서에 대한 시각 자체를 바꾸는 데 한몫했다.

펭귄의 창업자 앨런 레인(Allen Lane)은 어느 주말 시골로 기차 여행을 떠났다. 앨런은 당대 인기작이었던 애거사 크리스티(Agatha Christie)의 추리 소설책을 기차에서 읽고 싶었는데, 정작 책값이 너무 비싸서 내려놓았다고 한다. 당시 책값은 한 권에 7~8실링 정도. 실링은 현재는 사라진 화폐 단위라 정확한 가치를 산정하기는 어렵다. 1실링이 12펜스인데, 당시 담배 한 갑이 0.5실링(6펜스)이었다고 전해진다. 지금 한국의 담배 한 갑(5,000원) 기준으로 단순히 계산하면, 7실링은 7만 원쯤 되는 셈이다. 마음을 단단히 먹지 않고는 7만 원짜리 책을 여행 도

중에 덥석 집어 들기는 쉽지 않다.

20세기 초 책은 사치품에 가까웠다. 당시 책은 두껍고 질 좋은 종이로 만든 양장본 형태가 기본이었다. 부피가 컸고 표지는 무두질한 가죽으로 감쌌다. 당시 부자들은 화려한 집의 한쪽 벽을 책장으로 꾸며 비싼 책들을 진열해 두는 것을 좋아했다고 한다.

앨런은 고민에 빠졌다. **'책은 왜 이렇게 비싼가'**, **'책은 어떤 사회적 역할을 갖고 있는가'**. 이전까지 출판 시장에서 누구도 하지 않았던 질문이었다. 앨런은 이런 답을 찾아냈다.

'책은 소장하는 것이 아니라 읽는 것이다. 책에는 모든 사람에게 필요한 지식과 지혜가 담겨 있다. 오직 부자들만이 가질 수 있다는 것은 말이 안 된다. 누구나 읽을 수 있는 책이 필요하다.'

그는 행동파였던 것 같다. 문제를 해결하겠다는 일념으로 직접 출판사 펭귄을 세우고 문고판 책 생산에 나섰다. 책의 사이즈를 손바닥만하게 줄이고, 표지도 종이로 바꿨다. 가격은 6

펜스로 정했다. 누구나 담배 한 갑 가격으로 책을 접할 수 있게
된 것이다. 이른바 '지식의 민주화'다.

펭귄은 1935년《무기여 잘 있거라》(어니스트 헤밍웨이),《스타일스 저택의 죽음》(애거사 크리스티)등 당대 유명 작가의 소설을 출간했다. 판권을 사들이는 데 많은 비용을 썼지만, '그만큼 많이 팔면 된다'는 전략으로 접근했다. 하지만 당시 서점은 6펜스짜리 싸구려 책을 취급하려 들지 않았다. 그래서 펭귄은 잡화점 '울 워스'에서 책을 팔기 시작했다. 울 워스는 지금으로 치면 1,000원 숍 같은 곳이다. 기차역에는 책 자판기도 설치했다.

저렴한 가격에 양질의 콘텐츠. 성공할 수밖에 없었다. 최초 6만 권이 순식간에 완판됐다. 이듬해 펭귄은 300만 부를 파는 대형 출판사로 급성장했다. 사실 펭귄 이전에도 종이 커버의 '문고판'이 존재했었다. 그러나 저급한 통속 소설이 대부분이었다. 펭귄은 고급 콘텐츠를 저렴한 가격에 판매하면서 출판 시장의 판을 깼다.

앨런 레인은 '책은 소장하는 게 아니라 읽는 것'이라는 신념

으로 1930년대 영국 출판업계를 혁신했다. 펭귄은 2012년 경쟁사 랜덤하우스와 합병해 세계 최대 출판사가 됐다. 2011년 선임된 펭귄의 CEO 톰 웰든(Tom Weldon)은 합병된 펭귄 랜덤하우스 영국의 CEO 자리를 지금까지도 지키고 있다.

그렇다면 지금도 앨런의 창업 이념이 작동하고 있을까. 영국 런던에서 직접 만난 웰든 CEO는 "펭귄은 창립 이래 항상 최고의 책을 출판해 왔습니다. 장르와 형식에 관계없이 가장 재미있고 유익한 읽을거리를 출판하는 것이 대원칙이죠."라고 말했다.

이 원칙하에 펭귄은 내용과 형식 모두에서 출판업을 혁신했다. 펭귄은 훌륭한 시리즈물을 기획하는 데서 두각을 드러냈다. 고전 문학 시리즈인 펭귄 클래식이 가장 유명하지만, 그 외에 정치·경제·사회 과학 등 지식을 전달하는 교양서 시리즈도 엄청난 인기를 끌었다. '꼭 필요한 지식을 널리 알리는 것'을 책의 역할이라고 여긴 덕분이었다.

제2차 세계대전 당시 펭귄이 출판한《히틀러가 원하는 것》

펭귄이 출판한 《히틀러가 원하는 것》. ⓒetsy

은 당시 영국 군인들의 필독서였다고 전해진다. 전투복에 펭귄 문고판이 쏙 들어가는 펭귄 포켓이 달려 있을 정도였다.

성장 과정에서 펭귄은 중요한 가치 하나를 더 얻었다. 바로 브랜딩이다. 오렌지색 타원과 그 안에 든 펭귄 로고는 전 세계인에게 가장 익숙하며, 믿음직스러운 브랜드가 됐다.

웰든 CEO는 한 가지 일화를 소개했다. 1987년 영국 성공회의 테리 웨이트 대주교는 시아파 무슬림 단체에 납치됐다. 웨이트 대주교는 4년 넘게 독방에서 몸이 묶인 채 고통스러운 시간을 보냈다. 처음에는 고문도 당했지만, 시간이 흐르면서 그를 지켜보던 감시 요원들도 웨이트 대주교의 행동이나 인품에 감동하기 시작했다. 어느 날 한 감시 요원이 그에게 책을 한 권 구해 주겠다고 호의를 베풀었다. 책을 정말 좋아했던 웨이트 대주교는, 그러나 언어가 달라 소통이 안 되는 감시 요원에게 특정 철학서나 역사서를 주문할 자신이 없었다. 오랜 고민 끝에 웨이트 대주교는 이렇게 말했다. "책 한 귀퉁이에 새가 그려진 책이면 아무거나 좋소." 그러고는 펭귄 한 마리를 그려 주었다.

웨이트 대주교는 1991년 석방되기까지, 간간이 감시 요원이 전해 주는 펭귄 서적을 읽으며 힘든 시간을 견뎌 냈다. 그는 훗 날 "펭귄에서 출판한 서적이라면 어떤 책이든 읽을 만할 것이 라고 생각했습니다."라고 말했다. 펭귄만이 갖고 있는 브랜드 파워를 보여 주는 에피소드다.

펭귄은 브랜드 파워를 가진 최초의 출판사다. 펭귄의 책 표 지는 누구나 알아볼 수 있는 통일성을 갖고 있다. '펭귄 북스 (Penguin Books)'라는 글자를 맨 위에, 펭귄 로고를 하단에 넣었 다. 가운데에 제목과 저자명이 들어가는데 펭귄만의 서체를 적용해 통일감을 줬다. 장르에 따라 표지 색상이 달라진다. 논 픽션은 오렌지색, 공상 과학 소설은 남색, 추리 소설은 녹색이 다. 저자나 책 내용보다는 펭귄이 편집했다는 것을 강조한 디자인이다. 웰든 CEO의 말이다.

"출판업계에서 '브랜딩'이라는 개념을 도입한 것은 펭귄이 최
초이자 유일했습니다. 펭귄의 표지 디자인은 무심했지만 통일
감이 있었고, 고객은 저자나 내용, 서평이나 후기만큼이나 펭귄
로고를 신뢰했습니다."

펭귄의 시리즈물은 사람들의 수집욕을 자극하기에 이르렀
다. 일관성 있는 디자인과 좋은 콘텐츠라는 점이 알려지면서,
사람들은 펭귄이 출판한 책을 하나둘 사 모으기 시작했다. 어
렸을 적 전집으로 된 아동 서적을 읽은 경험이 있다면, 그 기원
이 펭귄인 셈이다. 펭귄은 오늘날에도 노트, 머그, 천 가방 등
에 로고를 그려 넣은 라이선스 제품을 판매하는데, 출판업계
에서는 이례적인 일이었다.

동시에 펭귄은 '큐레이션'의 선구자이기도 했다. 큐레이션
은 다양한 선택지 중 전문가가 꼭 필요한 것을 골라 주는 것을

뜻한다. 최근 인터넷으로 접할 수 있는 지식의 양이 방대해지면서 더욱 필요해지는 개념이다. 웰든 CEO는 "펭귄은 독자들이 꼭 읽어 볼 만한 좋은 책만 골라서 출판해 왔습니다."라고 자부했다.

그는 '좋은 책이란 무엇인가'라는 질문에 이렇게 답했다.

"좋은 책은 독자들에게 읽는 즐거움을 줄 수 있어야 합니다. 때로는 희망과 행복을, 때로는 슬픔과 분노를 주고, 지식과 지혜, 보람과 만족감도 줄 수 있어야 하죠. 독자의 마음을 울려야 한다는 이야기입니다. 다시 말하면, 베스트셀러는 모두 좋은 책이에요. 좋은 책의 기준은 독자이고, 독자가 원하는 책을 출판하는 것이 펭귄의 지향점입니다."

펭귄은 80여 년간 어떤 하나의 장르에 치우치지 않고 책을 펴내고 있다. 다양한 대중의 취향과 수요를 충족시키기 위해 펭귄은 각기 다른 전문성을 갖고 있는 편집자를 200여 명 두고, 매년 1,000권 넘는 서적을 출판한다. 웰든 CEO는 "스마트폰, 디즈니, 레고 등 모든 콘텐츠 제작자와 매체가 펭귄의 경쟁자입니다. 누가 고객의 마음을 사로잡는가에 승패가 달렸습니다."라고 말했다.

비즈니스가 정체된 기업이든, 새로운 기회를 찾는 스타트업이든, '혁신할 수 있는 것이 무엇인가'를 찾아내는 것이 첫 단계다. 그러려면 당연하게 여겼던 데서 불편함을 찾아내야 하고, 중요하지 않다고 생각했던 것들을 주목해야 한다.

펭귄은 창업자가 던진 최초의 질문, '왜 가난한 이들은 책을 읽을 수 없는가'에서 시작해 새로운 시장을 개척했다. 책이라는 제품을 부자들의 전유물에서 대중의 읽을거리로 돌려주었다. 수십 년간 '위기에 봉착한 산업'으로 불리는 출판업계에서 80년 넘게 살아남았을 뿐 아니라, '책 좀 읽는다'는 사람이라면 누구나 좋아하고 아끼는 브랜드가 됐다. 낡은 기준을 혁신해 업계의 표준으로 자리 잡았다.

3장

두꺼운 데이터를
모아라

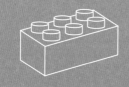

2003년 어느 날 아침, 아디다스 수석 부사장 제임스 칸스(James Carnes)는 공원에 매트를 깔고 요가 수련 중인 한 무리의 사람들을 보았다. 그들은 편안한 복장으로 이리저리 자세를 바꾸며 땀을 흘리고 있었다. 지금이야 동네마다 요가원이 성업 중이지만, 당시는 유럽과 미국 등지에서 새로운 운동으로 막 인기를 모으고 있는 참이었다.

이날 오전 칸스 부사장은 임원 회의에서 이렇게 물었다. "요가는 스포츠인가요?" 임원들은 고개를 저었다. 정통 스포츠 브랜드 아디다스의 관점에서 요가는 스포츠라기보다는 취미 생활에 불과했다.

아디다스는 1924년 손재주가 뛰어난 독일의 구두 제작자 아디 다슬러가 창업한 스포츠 신발 브랜드다. 다슬러가 만든 수제 러닝화를 신은 육상 영웅 제시 오언스는 1936년 베를린 올림픽에서 4관왕을 차지했다. 이후에도 아디다스는 수많은 스포츠 스타에게 스폰서십을 제공했다. 권투 선수 무하마드 알리, 축구 선수 지네딘 지단과 데이비드 베컴은 아디다스와

제임스 칸스 아디다스 부사장에게 스포츠의 의미에 대해 질문을 던진 요가 수련자들.
© Getty Images

함께 전설을 썼다. 아디 다슬러의 신조는 오직 '가장 좋은 제품을 선수들에게(Only the Best for the Athlete)'였다.

아디다스에게 스포츠란 '인간의 한계를 극복하는 것'이었다. 그리고 아디다스는 그런 선수들을 위한 신발과 스포츠 용품을 제작했다. 이런 역사를 가진 회사에서 정신 수양을 목표로 하며 움직임이 정적인(듯 보이는) 요가가 스포츠로 여겨질리 없었다. 회의는 싱겁게 끝났지만 칸스 부사장의 마음 한편에는 의구심이 남아 있었다. '요가 역시 스포츠의 한 종류는 아닐까?'

칸스 부사장은 이즈음 스스로 품고 있던 질문을 바꿨던 것같다. '어떻게 하면 더 (기술적으로) 뛰어난 제품을 만들고, 더 많이 팔 것인가'에서 '**사람들에게 스포츠란, 아디다스란 어떤 의미인가**'로.

레드 어소시에이츠는 아디다스와 함께 유사 스포츠 활동을 하는 사람들에 대해 조사했다. 조사 대상에는 요가 외에도 조깅, 피트니스, 필라테스 등을 즐기는 사람들이 포함돼 있었다.

미켈 라스무센 레드 어소시에이츠 CEO가 인터뷰 중 들려준 조사 결과의 사례를 재구성해 보면 다음과 같다.

#변호사 A씨는 퇴근을 하고 나면 하루도 빠짐없이 트레드밀 위를 한 시간씩 달린다. 그는 마라톤 대회에 출전하지는 않는다. 그저 땀을 한 바가지 쏟은 뒤 찬물로 샤워할 때 직장에서 쌓인 하루 스트레스가 싹 날아가는 기분이 좋아서다.

#직장인 B씨는 아침 조깅용으로 최근 300달러짜리 운동화를 새로 샀다. 한 달 전 100달러짜리 운동화를 사서 신고 뛰었는데, 무릎 통증이 점점 심해져서다. 그는 새 운동화를 신으면 무릎이

덜 아픈 것 같다고 했다.

#대학생 C씨는 매일 아침 공원에서 친구와 함께 요가를 한다. 최근 친구가 새로 산 레깅스의 신축성이 좋다는 이야기를 듣고, 같은 제품을 샀다. 하지만 몸을 잘 잡아 주는 느낌이 없고, 색상이 촌스러워 영 마음에 들지 않는다.

#부동산 중개인 D씨는 한 달에 한 번씩 클라이밍을 즐긴다. 클라이밍 선수는 아니지만, 유명한 선수들의 이름을 줄줄 꿰고 있다. 클라이밍을 잘하려면 근력과 근지구력이 필요하기 때문에, 운동 후 단백질을 섭취해 몸에 근육을 붙이는 게 주된 관심사다.

관찰 결과는 이렇게 요약된다.

1) 이들은 운동선수가 아니다. 그러나 운동에는 관심이 많다.
2) 이들은 특정 경기나 대회에서 승리하기 위해 연습을 하는 것이 아

니다.

3) 그러나 운동선수들과 마찬가지로 고성능 운동복과 스포츠 용품을 원한다. 기꺼이 돈을 쓸 준비도 돼 있다.

4) 단 이들은 기능성 외에 디자인도 중요하게 여긴다. 운동화의 색감이나 레깅스의 핏에 대해 서로 품평하는 일이 잦았다.

5) 또한 이들은 운동만큼이나 식이요법에도 관심이 많다. 칼로리를 계산하고 몸에 좋은 음식을 찾아 먹었다.

지금 보면 흔한 도시인의 한 단면이지만, 2000년대 초반 기준으로는 다소 낯선 모습이었다. 중요한 것은 이런 사람들의 수가 꽤 빠르게 늘어나고 있다는 점이었다. 레드 어소시에이츠에 따르면 당시 어떤 회사도 운동 습관을 만들어 주거나, 운동에 대한 동기를 부여해 주거나, 영양학적 관점에서 운동을 분석한 곳은 없었다.

칸스 부사장의 촉이 맞았다. 사람들이 스포츠를 경험하는 방식이 달라지고 있었다. 아디다스는 조사 팀의 관찰 결과를 토대로, 새 전략을 세웠다.

아디다스는 과거에는 고객을 1차 고객과 2차 고객으로 나누어 제품을 생산했다. 1차 고객이 운동선수, 2차 고객이 일반 대중이었다. 선수들을 위한 최고 성능의 제품을 먼저 설계하고, 원가를 조금 절감한 보급형 제품을 내놓는 식이었다. 이런 구분을 없앴다. 더 이상 엘리트 스포츠 선수들의 퍼포먼스를 보고 기능성 제품을 따라 사는 마케팅 효과가 퇴색했다는 판단을 내렸다.

보급형 제품은 전문 스포츠용품이 아닌 패션 아이템에 가깝게 디자인했다. 힙합 컬처와 접목한 스트리트 패션 유행을 선도했고, 영국 디자이너 스텔라 매카트니(Stella McCartney)와 함께 패션 스포츠웨어 브랜드를 출시했다.

브랜드 슬로건은 '불가능, 그것은 아무것도 아니다(Impossible is Nothing)'에서 '올 인(All in)'으로 바꿨다. 전자가 도전 의식을 일깨우고 한계를 넘어선다는 느낌이라면, 후자는 최선을 다해 노력한다는 이미지에 가깝다. 더 나은 성과를 얻어내려는 스

아디다스는 일상을 위한 예쁜 운동복 브랜드로의 변화에 앞장섰다.
©Getty Images

포츠 선수에도 어울리지만, 운동을 그저 즐기는 일반 대중에 도 어필할 수 있는 메시지다.

일련의 의사 결정은 아디다스에 성장의 기회가 됐을 뿐 아니라, 아디다스를 구하기도 했다. 유럽 한 시장 조사 업체의 조사에 따르면, 2012년을 기점으로 요가·헬스·피트니스 제품의 매출 규모가 전체 스포츠 용품 매출의 절반을 넘어섰다. 또한 여성 고객의 숫자가 남성 고객보다 더 많아졌다. 아디다스가 2000년대 초반 이 흐름을 놓쳤다면? 지금 우리가 아는 아디다스는 존재하지 않았을 수도 있다.

아디다스는 수십 년간 회사를 지배했던 제품 철학을 뒤집고 궤도를 180도 수정했다. 분명 2000년대 초반, 자기 관리형 스포츠는 주류가 아니었다. 동네 몇 바퀴 뛰는 조깅 정도가 일반인들의 체력 관리 수단이었다. 아디다스는 어떻게 앞으로 20여 년 동안 벌어질 사회적 변화를 이토록 확신했을까?

이는 레드 어소시에이츠가 가져온 관찰 조사 데이터가 두터웠기 때문이다. 레드는 수천 수만 명을 대상으로 수박 겉핥기식 설문 조사를 실시하지 않았다. 예컨대 '당신은 앞으로 3개월 내에 새 운동화를 살 의향이 있나요?', '운동화의 적정 가격은 얼마라고 생각하시나요?'와 같이 단편적인 질문은 묻지 않았다. 대신 조사 대상을 신중히 결정하고, 그들의 행동 양식과 의사 결정 과정을 철저히 분석했다.

레드 어소시에이츠의 우선 관찰 대상은 아디다스의 기존 타깃 고객, 즉 스포츠 경기에서 승패를 겨루는 프로·아마추어 선수들이 아니었다. 대신 일상 생활에서 취미 활동이나 체력 단련을 목적으로 적당히 운동을 즐기는 사람들, 즉 아디다스의 잠재 고객으로 확대했다.

또한 꼬리에 꼬리를 무는 질문으로 고객들을 입체적으로 분석했다. 예컨대 직장인 B씨는 300달러짜리 운동화를 무엇을 할 때 얼마나 자주 신는지, 신발을 새로 사기 전에는 어떤 운동화를 몇 달이나 신었는지, 왜 한 달 만에 운동화를 바꿨는지,

비싼 운동화를 여러 켤레 살 만한 경제적 여유가 있는지 등의 정보를 수집했다. 이런 조사 결과는 B씨처럼 가처분 소득이 충분한 독신 직장인이 취미로 하는 운동에 실제로 얼마나 지갑을 열 수 있을지 가늠해 볼 수 있는 데이터가 될 수 있었다.

또, 요가를 할 때 입을 레깅스를 구입한 C씨에게는, 레깅스 구입에 관한 질문을 던지는 데서 그치지 않았다. 요가를 언제 어떻게 처음 접하게 됐으며, 어떤 장점이 있는지, 주변에 요가 애호가와 요가 모임이 늘어나고 있는지, 레깅스 외에 필요한 복장이나 도구는 없는지 물어보는 식이었다. 이는 요가나 필라테스 등을 위한 제품 라인을 새로 만들 것인지 결정할 때 참고할 수 있는 귀중한 데이터가 되는 것이었다. 실제로 2003년 세계적인 가수 마돈나와 배우 줄리아 로버츠 등이 요가를 예찬하면서 요가 열풍은 전 세계로 번져 나갔다.

레드 어소시에이츠는 스포츠 경험과 소비에 관한 사회적, 문화적 맥락을 샅샅이 파악해 아디다스에 통찰을 줬다. 이들의 행동이 특정한 소수의 일시적 기행이 아니라, 머지않은 미래에

대다수 소비자들에게 영향을 미칠 시대적 변화의 시작임을 귀
띔해 준 것이다. 아디다스는 확신을 가지고 일상을 위한 예쁜 운동복 브랜드로의 변화에 앞장섰다.

이렇게 종합적이고 입체적이며 맥락을 가진 데이터를 레드어소시에이츠는 '두꺼운 데이터(Thick Data)'라 부른다. 이번 장에서는 데이터를 두껍게 모으는 방법과, 그렇게 모은 데이터를 적재적소에 활용한 또 다른 기업들을 살펴본다.

'아는 것'과 '이해하는 것'은 완전히 다른 개념이다.

대한민국의 수도 서울에 대해 이야기해 보자. 서울은 인구 1,000만 명 이상이 살고 있고, 자동차는 300만 대 이상 돌아다니는 대도시다. 아파트 평균 가격은 9억 원을 돌파했다. 그런데 이런 정보가 서울이 가지는 의미를 설명하지는 못한다.

누군가에게 서울은 가족과 함께 수십 년째 살아온 고향이지만, 다른 누군가에겐 먹고살기 위해 치열하게 살아남아야 하는 전쟁터일 수 있다. 또, 어떤 이에게는 의식주와 의료·교통·교육 등 모든 인프라가 다 갖춰진 세계 최고의 도시이지만, 반대로 빽빽한 빌딩 숲에 숨 쉬기도 버거운, 기회만 닿으면 떠나고 싶은 도시라고 생각하는 사람도 있을 것이다.

어떤 대상이나 현상은 그걸 바라보는 주체가 누구인지, 언제 어디서 왜 어떻게 경험했는지에 따라 180도 달라질 수 있다. 그러니 무언가를 100퍼센트 이해하기 위해서는 숫자를 넘어서는 추가 정보가 필요하다. 바로 '맥락'이다. 미켈 라스무센 레드 어소시에이츠 CEO는 "사실뿐 아니라, 사실의 맥락까지 포착하는 데이터가 필요합니다."라고 설명했다.

"'윙크'를 떠올려 보세요. 컴퓨터는 윙크라는 행위를 '눈꺼풀이 100분의 1초만에 깜박이는 것'이라고 인식할 겁니다. 그러나 인간은 앞뒤 행동을 보고 윙크의 의미를 파악합니다. 예컨대, 사회 초년생 직장인이 첫 프레젠테이션을 성공적으로 마친 뒤 상사로부터 윙크를 받았다면? '괜찮아, 잘했어!'라는 칭찬의 의미로 받아들일 겁니다. 또는 어떤 남학생이 친구들과 모여 수다를 떨고 있는데, 저 멀리 관심 있는 여학생이 걸어와 윙크를 보낸다면? '할 말 있어, 잠깐 나와 봐.'라는 의미일 수 있습니다. 인공지능이 끝끝내 인간을 따라잡지 못하는 영역이 바로 이런 겁니다. 맥락을 포착하는 능력이죠."

레드 어소시에이츠는 사실과 함께 사회적·문화적 맥락이 포함된 데이터를 '두꺼운 데이터(Thick Data)'라고 부른다. 고객의 삶을 관찰할 때, 물리적·수학적 정보만으로는 어떤 제품이나 서비스가 고객에게 주는 의미를 표현할 수 없기 때문에 두꺼운 데이터가 필요하다.

라스무센 CEO는 또 다른 상황을 제시했다. 엘리베이터 문이 열렸다. 십중팔구는 엘리베이터 안으로 걸어 들어간 뒤 몸의 방향을 거꾸로 돌려 문 쪽을 바라보고 선다. 나머지 한두 명은 비스듬히 측면 거울을 바라본다. 그런데 누군가 엘리베이터 문을 등지고, 즉 사람들과 얼굴을 마주하고 섰다. 엘리베이터에 탄 모든 사람은 '도대체 무슨 상황이지? 저 사람은 뭘 하는 거지?' 하고 갸우뚱할 것이다. 그렇다고 '뒤로 돌아서시죠!'라고 말하기도 애매하다. 엘리베이터에 타면 문 쪽을 바라보고 서야 한다고 규정에 못 박아둔 것이 아니기 때문이다. '왜 한쪽만 바라보고 서야 하죠?' 하고 물으면 할 말이 없다. 그냥 오랫동안 다들 그렇게 해 왔기 때문에 암묵적인 규칙이 됐고, 많은 사람들이 같은 행동을 하는 것이다.

비슷한 예로, 사람들은 장례식장에서 샴페인을 마시지 않는다. 샴페인에 '장례식장에서는 마시면 안 됩니다'와 같은 경고

문구를 적어 두지는 않는다. 그러나 사람들은 샴페인이 축하의 의미를 갖고 있기 때문에 장례식에서 마시기에 부적절하다고 생각한다.

이런 사회적 규칙은 문화유산처럼 세대를 거듭하며 전해져 내려왔다. 앞서 말했듯 고객은 인간이고, 고객의 의사 결정 배경에는 이성뿐 아니라 감성과 무의식, 사회적·문화적 맥락이 포함돼 있다. 이를 모두 파악하려면 데이터가 두꺼워질 수밖에 없다. 즉, 고객의 행동을 완벽하게 이해하기 위해서는 두꺼운 데이터가 필수적이라는 뜻이다.

그렇다면 최근 많은 연구가 진행되고 있는 '빅 데이터(Big Data)'는 어떤 데이터일까?

빅 데이터는 흔히 '3V'로 표현된다. 방대한 양(Volume)을 가졌고, 아주 빠른 속도(Velocity)로 생성된다. 데이터의 형태가 다양(Variety)하기 때문에, 한두 가지의 특정 기준으로 묶기 어렵다. 즉 어떤 현상에 대한 여러 결과값을 한데 뭉쳐 놓은 것이다.

빅 데이터를 분석하면 지금까지 몰랐던 패턴을 새로 발견할 수 있다. 이를테면, 정부는 의원 및 병원의 진찰 데이터를 통해 어떤 감염병이 유행하는지 여부를 빠르게 파악하고, 이 감염병에 대한 대책을 조기에 수립할 수 있다. 또, 쇼핑몰에서는 어떤 물건이 잘 팔리기 시작한다면 이를 통해 미래 수요를 예측해 재고를 조기에 넉넉하게 확보할 수 있다. 반대로 잘 안 팔리는 물건은 추가 주문을 중단하여 재고를 효율적으로 관리할 수 있다. 많은 영역에서 활용이 가능하며, 비즈니스 의사 결정에 도움을 줄 수 있는 것이 사실이다.

그러나 라스무센 CEO는 "빅 데이터는 두꺼운 데이터가 아닙니다."라고 잘라 말했다. 이유는? **"빅 데이터에는 상관관계는 있지만, 인과 관계가 없기 때문"**이다.

빅 데이터가 수집하는 정보는 방대하고, 형태도 텍스트·동영상·음성·위치 정보 등 다양하다. 그러나 어떤 현상에 대한 단순 관찰 결과일 뿐, 그 결과값이 나오게 된 원인에 대한 데이터는 포함되지 않는다. 어렴풋이 추측할 수 있을 뿐이다.

비즈니스를 발전시키기 위해선 '고객이 왜 그런 의사 결정을 내리는가'에 대한 높은 이해가 필요한데, 빅 데이터만으로 는 '왜, 어째서, 어떻게'가 설명되지 않는다. 고객 행동의 맥락이 포함되지 않았기 때문이다. 물론 빅 데이터를 분석해 인과 관계까지 추론해 낼 수도 있을 것이다. 하지만 방대한 데이터 가운데서 분석에 꼭 필요한 정보만을 걸러내는 일은 매우 어렵다. 불필요한 데이터가 걸러지지 않은 상태로는 결과의 신뢰성과 정합성을 확보하기도 어렵다. 빅 데이터 분석만으로 기업의 사업 전략을 정하기엔 위험 부담이 너무 크다.

예를 들어, 인터넷 온라인 쇼핑몰에서는 '추천 상품'을 제안해 준다. 내가 구매한 내역과 비슷한 내역을 가진 사람들이 산 상품을 내 화면에 띄워 주는 것이다. 이때 빅 데이터에서 뽑아내는 데이터는, 상품의 종류와 구매 여부 정도다. 그래서 맥주만 마시는 사람에게 와인 잔을 추천해 주기도 한다. 인간의 복잡한 맥락이 지나치게 단순화된 탓에 맥주 잔을 구매한 사람이 어떤 이유로, 어떤 의사 결정을 거쳐 그 잔을 구입하고, 왜 와인 잔은 구입하지 않았는지 분석할 근거가 없는 것이다.

빅 데이터는 고객의 행동 패턴 그 자체만을 수집하는 반면, 두꺼운 데이터는 그 고객을 둘러싼 상황, 의사 결정을 내린 과정, 생활 양식과 습관까지 담아 패턴의 원인까지 파악한다. 다시 말해 빅 데이터는 어떤 현상을 그냥 '아는 것'에서 그치고, 두꺼운 데이터는 그 현상을 '이해하는 것'이다.

두꺼운 데이터 활용의 달인, 조셉조셉

맥락이 담긴 두꺼운 데이터를 잘 활용하는 기업이 궁금하다면 알록달록한 주방 기구를 만드는 '조셉조셉(Joseph Joseph)'을 들여다보라.

나는 뉴욕 현대 미술관(MoMa)의 기념품점에서 총천연색 얼음 틀과 주걱, 감자 칼 등을 발견한 뒤 조셉조셉의 팬이 됐다. 조셉조셉의 제품은 파격적인 색깔과 플라스틱 재료로 눈을 사로잡는다. 밥 주걱은 연두색, 샐러드 볼은 보라색, 도마에는 음식 재료에 따라 빨간색 노란색 연두색 인덱스가 붙어 있는 식이다. 스테인리스나 나무 등 주방용품에 많이 쓰이는 재료는 잘 눈에 띄지 않는다. 무채색 주방용품 사이에서 존재감을 자랑한다.

애들 장난감 같지만 막상 들어 보니 의외로 그립감이 허술하지 않았다. 실리콘 마감이 손에 착 감기고, 주걱은 앞뒤 무게 균형이 잘 맞아 사용하기 편리했다. 각진 틈이 없고 플라스틱이라 세척이 쉽다는 것도 장점이다. '보기보다 잘 만들었는데?'라는 생각이 들었다. 사용자들이 남긴 리뷰에서 디자인만큼 호평을 받는 것이 '사용감'이다.

조셉조셉은 영국의 쌍둥이 형제 앤서니 조셉(Anthony Joseph)과 리처드 조셉(Richard Joseph)이 2003년 공동 창업했다. 이 형제는 어쩌다 이런 희한한 주방 기구를 만들게 됐을까. 런던에서 조셉 형제의 인터뷰가 성사됐을 때, 취재 기자로서가 아니라 한 명의 고객으로서 설렘을 느꼈던 기억을 지울 수 없다.

조셉조셉의 사무실은 런던 중심부 런던 브릿지에서 걸어서 10분 정도 떨어진 한 공장 건물 안에 있다. 제품 디자인을 총괄하는 앤서니 조셉은 머리카락과 수염을 기르고 두꺼운 뿔테 안경을 썼다. 청바지에 부츠를 신고 있었다. 영업 및 비즈니스를 담당하는 리처드 조셉은 짧은 머리를 포마드로 단단히 고정하고, 정장을 입고 있었다. 패션 스타일이 어쩐지 이들이 만드는 제품과 통하는 데가 있었다.

리처드는 "주방 기구는 선사 시대부터 있었던 물건인데, 혁신이 더뎠어요. 우리는 사람들이 어떤 문제를 겪는지 파악한 뒤, 어떻게 문제를 해결하고, 더 나은 혜택을 줄 수 있는가를 고민해요."라고 말했다.

혁신이 불편함을 해결하는 것이라면, 고객이 어떤 불편을 겪고 있는지 알아내는 것이 곧 혁신의 출발점이다. 나는 "불편한 지점을 발견하는 조셉조셉만의 방식이 있나요?"라고 물었다. 리처드의 답변은 뜻밖에도 레드 어소시에이츠의 솔루션과 동일했다.

"오랜 시간 공들여 사람들을 관찰합니다. 고객을 연령별, 직업별, 성별로 나누고 그들의 주방을 직접 찾아다니면서 공통점과 차이점을 찾아봐요. 집에서 어떤 음식을 해 먹는지, 어떤 방법으로 요리하는지, 식사를 준비하는 데 걸리는 시간은 평균 몇 분인지, 설거지는 얼마나 자주 하는지 등을 지켜봅니다. 조사는 짧으면 일주일, 길면 반년 가까이 걸리기도 해요."

조셉조셉은 한번에 10명 단위로 4~5개 그룹을 관찰한다고 했다. 연간 관찰하는 고객 수는 100여 명에 이른다.

관찰이 끝나면 회사로 돌아와 그동안 모은 데이터를 가지고 회의한다. '정말 필요한 아이디어인가?', '개선 폭이 작지는 않은가?' 등을 자문한다. 상당수 아이디어는 거기서 버려진다.

아이디어 10개 중에 정말 혁신적이라고 평가한 한두 가지를 적용해 새로운 제품 개발에 나선다. 조셉조셉은 제품 하나를 개발하는 데 2년 정도의 시간을 쏟는다고 했다. 다른 업체들의 평균 신제품 개발 기간을 따로 조사한 바는 없지만, 길어야 석 달을 넘기지 않는다는 게 리처드의 설명이었다.

고객 관찰을 통해 두껍게 모은 데이터를 조셉조셉은 적재적소에 활용했다. 이들이 내놓은 독특한 주방 제품들은 모두 두꺼운 데이터를 기반으로 기획됐다.

예컨대, 30대 미혼 남성은 설거지를 싫어한다. 한번 요리할 때 주방 기구는 최소한만 사용하고, 최대한의 효용을 얻고 싶어 한다. 다섯 가지 기능이 담겨 있는 조셉조셉의 주걱 '유니툴(Uni-Tool)'은 이들을 타깃으로 만들어졌다. 일단 액체를 뜰 수 있는 ① 스푼이 있다. 그리고 스푼 뒤쪽에 구멍을 뚫어 ② 물기

를 쉽게 제거할 수 있게 했다. 주걱의 앞쪽은 예리하게 만들어 ③자르개 역할을 한다. 손잡이에 해당하는 부분은 ④뒤집개로 쓸 수 있다. 손잡이 쪽 오목한 부분은 잼을 바르는 ⑤스패츌러(spatula) 역할을 한다.

한편, 40대 주부는 상대적으로 음식에 많은 정성을 쏟는다. 가족을 위해 여러 음식을 동시에 조리하는 경우가 많다. 서로 다른 식재료를 다듬다 보면, 한 끼 차리는 데도 도마를 수차례 씻고 닦는 불편을 겪는다. 색깔이 서로 다른 도마 여러 개를 한 세트로 묶은 '인덱스(Index)' 도마가 여기서 탄생했다. 초록색 도마는 야채, 하늘색 도마는 어패류, 붉은 도마는 육류, 흰색 도마는 조리된 식품용이다. 식재료가 섞여 맛이 변하는 우려를 덜 수 있어 지금까지도 스테디셀러로 사랑받고 있다.

아이스커피나 온더록스(On the Rocks) 위스키를 즐겨 마시는 40~50대 남성은 항상 얼음이 필요하다. 그런데 냉장고에 기본으로 제공되는 얼음 틀은 얼음을 얼리기는 쉬워도 얼음을 떼어 내기가 불편하다. 어지간히 비틀지 않으면 얼음이 잘 떨어져 나오지 않고, 무리해서 비틀면 얼음이 한꺼번에 튀어나와 깨져 버린다. 조셉조셉의 얼음틀 '퀵스냅 플러스(Quicksnap+)'는 얼음 틀 안에 고무로 된 버튼을 달았다. 고무 버튼을 살짝 누르면 얼음이 톡 분리돼 나온다.

20~30대 1인 가구에도 주목했다. 원룸은 주방이 작고, 수납 공간이 모자란다. 작은 공간을 효율적으로 사용할 수 있는 제품이 필요하다. 조셉조셉의 '네스트(Nest)'는 보울(bowl) 다섯 개의 사이즈를 달리해 러시아 인형인 마트료시카처럼 겹쳐서 보관할 수 있게 했다.

조셉조셉의 제품은 다채로운 플라스틱 제품이라는 것 말고도 크게 두 가지 특징을 가지고 있었다. 하나의 제품에 여러 기능이 영리하게 탑재돼 있거나, 부피가 큰 기존 제품을 수납하기 편리하도록 개선했다는 점이다. 핵심은 집에서 요리하는 사람들의 입장에 서서, 그들의 관점과 마음을 꿰뚫는 제품을 만든다는 데 있다. 조셉 형제의 의지가 매우 묵직하게 다가왔다.

앤서니 조셉은 "모든 물건은 디자인적으로 예쁘고 실용적이어야 하며, 기능적으로 완벽해야 한다는 원칙하에 개발되죠. 그것이 오랜 불편을 개선하는 우리의 솔루션이에요."라고 말했다.

조셉 형제는 상상 속에서도 고객을 관찰한다고 했다. 30대 후반의 기혼 여성 '존스 부인'의 하루를 상상하며 어떤 제품이 좋을지 대입해 보는 것이다. 존스 부인은 이런 사람이다.

'요즘 유행을 타고 있거나 예쁜 물건에 관심이 있지만, 그렇다고 디자이너들 이름을 줄줄 외울 정도로 전문가적 소양을 갖추지는 않았다. 요리를 곧잘 하지만, 레스토랑 셰프 수준은 아니다. 한 달에 한 번쯤 근사한 요리를 남편이나 아이들에게 선보이고 싶다. 때때로 친구들을 집으로 초대한다.'

존스 부인은 조셉조셉의 핵심 고객을 대표한다. 존스 부인이 좋아할 법한 아이디어라면 시도해 볼 가치가 있다. 반대로 존스 부인에게 조금이라도 불편하다면 가차없이 후보에서 제외한다. 앤서니 조셉은 "한눈에 봐도 용도가 뚜렷해 사용 설명서가 필요 없어야 해요. 설명서를 읽어야 한다면 그것은 이미 불편한 제품인 거죠."라고 말했다.

이런 통찰 역시 조셉조셉이 쌓아온 두꺼운 데이터에서 기반했다. 앤서니는 "요리가 꼭 가사나 노동일 필요는 없어요."라고 말했다.

> "때로 요리는 즐거운 취미가 되기도 합니다. 저녁 식사에 친구들을 초대해 요리를 만들고, 그러면서 새로 산 가위나 국자를 자랑할 수도 있어요. 주방이 참석자들 사이에 공유감이나 친밀감을 주고, 즐거운 추억이 되기도 합니다. 조셉조셉은 사람들에게 그런 즐거움을 제공하는 것이 목표입니다."

2021년 현재 조셉조셉 매출의 70퍼센트 이상이 해외에서 일어난다. 현재 미국, 유럽, 아시아 등 글로벌 100개 국에 진출해 있다. 백화점이나 아웃렛의 주방용품 전문관, 럭셔리 편집

숍, 심지어 박물관에서도 이들 제품을 만나볼 수 있다.

앤서니 조셉의 말이다.

"제품이 딱 출시됐을 때, '왜 이런 제품이 진작부터 없었지?' 하고 자신의 블로그에 포스팅하는 고객들이 있어요. 조셉조셉에게는 최고의 칭찬입니다. 그동안 찾아내지 못했던 불편함을 우리가 하나 해결했다는 성취감이 들거든요."

조섭조섭이 두꺼운 데이터를 제품에 녹였다면, 1987년 호주에서 탄생한 화장품 브랜드 이솝은 두꺼운 데이터를 매장 인테리어에 반영하는 회사다. 이솝은 매장이 들어서는 동네에 그 지역 주민들의 문화와 라이프 스타일을 반영한 인테리어를 구성, 고객과의 친밀감을 높이고 고객의 삶 속으로 파고드는 전략을 쓰고 있다. 그래서 이솝은 전 세계 25개국 300여 개 매장을 전부 다르게 꾸미고 있다.

보통 화장품 가게를 상상하면 눈부신 조명과 수많은 거울, 재고가 빼곡하게 쌓인 수납장이 떠오른다. 그러나 이솝의 매장은 호텔 라운지처럼 여유롭다. 서울 가로수길 이솝 매장에는 5미터짜리 대형 원목 테이블이 떡 하니 놓여 있다. 우리의 전통 건축에서 주로 쓰이는 소나무를 통째로 들여왔다. 벽지는 쑥으로 천연 염색한 한지를 써서 자연스러운 빛깔을 냈고, 한지 고유의 질감을 외부로 드러냈다. 서울 한남동 매장은 전통 가마에서 영감을 받아 제작됐다. '따뜻함'을 콘셉트로 삼고 붉은색 벽돌을 쌓아 올렸다. 사람들이 들고 나는 문에 비해 창

이솝의 한남동 매장 ⓒ이솝코리아

을 크게 냈고, 실내는 아치형 벽면으로 구성해 마치 가마 속에
들어와 있는 듯한 느낌을 준다. 이솝은 글로벌 화장품 회사이
지만, 한국 매장에는 한국적 특성을 담은 것이다.

미국 뉴욕 맨해튼 어퍼 웨스트 사이드(Upper West Side)의 이솝

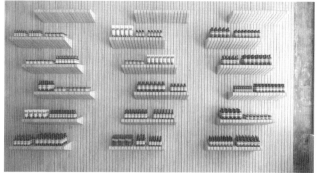

이숍의 뉴욕 맨해튼 매장. ⓒLEIBAL

매장엔 이숍이 아니라 '세탁소(Cleaners)'라고 적힌 간판이 달려
있다. 실제 오래된 세탁소를 리모델링해서 만든 매장이기 때
문이다. 이 동네 랜드마크였던 세탁소의 전통을 잇는다는 의
미에서 제품을 진열하는 선반은 옷걸이를 뒤집은 모습으로 디

자인했다. 이탈리아 로마에 있는 매장은 고대 로마 건축물을 연상시키는 석재 디자인을 적극 반영했고, 온천이 유명한 영국 서남부 소도시 바스(Bath)의 매장에는 목욕탕을 연상시키는 세면대와 바닥을 만들어 넣었다. 해당 도시의 역사를 매장 안에 담는 것이다. 어느 지역의 어떤 매장이든, 그 동네에 살고 있는 지역 주민이 매장을 찾았을 때 익숙하게 느낄 수 있게 편안한 분위기를 만들어 놓는 것이 핵심이다.

이런 전략은 꽤 성공적이다. '이솝의 매장은 둘러보는 재미가 있다'는 평가를 받고 있고, 동네의 랜드마크로 여겨지기도 한다. 제품보다도 매장 분위기에 반해 이솝 화장품을 사서 쓴다는 고객이 적지 않다. 여행객들 사이에선 '여행지 이솝 매장 방문하기'가 하나의 컬트 문화가 됐다. 그 지역의 역사와 문화를 담고 있기 때문에 여행 콘셉트를 잡기 쉽다는 이유에서다. 덕분에 이솝의 매출은 매년 증가 추세다.

매장 인테리어를 각기 다른 모습으로 꾸미고, 지역 사회의 특징까지 담아내려면 돈과 노력이 꽤 많이 든다. '도대체 화장품 회사가 왜 제품이 아닌 매장 인테리어에 이렇게 신경을 쓰나' 싶을 수 있다. 그러나 이솝은 이 과정을 매우 중시하고, 브랜드에 대한 '투자'라고 생각한다. 매장은 고객과 소통하는 최전선이자, 매출이 발생하는 핵심 장소다. 마침 한국 매장을 중간 점검하러 온 마이클 오키프(Michael O'Keeffe) 이솝 CEO를 만났다. 그는 이렇게 말했다.

"매장은 고객과 우리 브랜드 사이의 연결 고리입니다. 매장이 지어지는 지역 사회와 자연스레 어우러져야 한다고 생각해요. 그래야 고객들이 '친숙함과 동질성'을 느낄 수 있고, 이솝이 고객에 전하고자 하는 메시지를 들어줄 것이라고 믿습니다. 그리고 그래야만 브랜드가 성장하고, 매출이 늘어날 수 있습니다. 만약 매장이 주변 환경과 어울리지 못한다면? 그냥 '또 화장품 가게가 하나 생겼네.'에서 그칠 거예요. 그런 매장은 오래갈 수 없습니다."

눈에 띄는 화려한 매장을 지으면, 잠깐 동네 사람들의 이목을 끌지 모른다. 그러나 결국은 지역 사회에 어우러지지 못하고 외지인 취급을 받다가 동네를 떠나게 된다는 판단이다.

그래서 이솝은 어느 지역에 매장을 오픈하기로 결정하면, 먼저 그 매장이 들어설 동네의 역사부터 공부한다. 사료(史料)까진 아니더라도, 동네의 옛 사진 자료나 문헌을 구해 해당 지역에서 유행했던 건축 양식을 익히고, 널리 쓰였던 자재와 장식, 무늬 등을 파악한다.

건축가는 매장 디자인을 시작하기 전에 매장이 들어서는 동네에 머물며 몸으로 그 동네만의 분위기를 체화한다. 동네의 핫 플레이스나 노포(老鋪)를 찾아 고객들이 어떤 분위기에서 편안함을 느끼는지 관찰하고, 주로 어떤 성별, 어떤 연령대의 사람들이 동네를 자주 찾는지도 파악한다. 해당 지역의 사회 문화적 맥락이 담긴 두꺼운 데이터를 쌓는 것이다. 예컨대 가로수길이라면 20~30대 젊은 트렌드세터가 자주 찾는 곳이고, 고양 스타필드라면 30~40대 가족 단위 소비자들이 자주 찾는 곳이다. 이런 분위기에 맞춰 이솝은 가로수길 매장은 조금 어둡지만 허브 향기가 좋은 라운지처럼, 고양 스타필드 매장은 조금 더 밝게 꾸며 가족들이 쇼핑 중에 쉴 수 있는 휴게 공간처럼 디자인했다. 오키프 CEO는 이렇게 말했다.

"금융가처럼 비즈니스 중심으로 돌아가는 동네와, 젊은 고객이 많은 번화가는 공기부터 다릅니다. **우리는 매장이 자리 잡은 동네의 일부가 되고자 노력합니다.** 그러면 이솝을 처음 찾는 낯선 소비자라도 이솝 매장에 들어오는 순간, '아, 익숙하네'라는 느낌을 받을 수 있습니다. 브랜드와 고객의 친밀감은 그렇게 쌓이기 시작합니다."

이솝은 초기 조사 단계가 마무리된 뒤에야 본격적인 매장 건축을 시작한다. 이솝 매장은 본사 디자인팀, 지사 매장 개발팀, 그리고 현지 건축가가 함께 짓는다. 지역적 특색, 브랜드 철학, 그리고 미적 가치를 하나로 융합하기 위해서다. 대형 소나무 테이블과 한지 벽지는 한국 매장에만 있다. 한국 소비자들을 고려한 판단이다. 이솝은 매장 하나를 짓는 데 1~2년을 아낌없이 투자한다. 건축이 어느 정도 마무리 단계에 들면, 오키프 CEO가 직접 방문해 현장을 점검한다. 브랜드 아이덴티티를 담는 최종 과정이자, 완공 후에 수정하는 낭비를 막기 위해서란다. 오키프 CEO의 말이다.

> "마케팅에는 '3P'라는 것이 있습니다. 제품(Product), 가격(Price), 프로모션(Promotion) 입니다. 저는 여기에 P 하나를 더 추가하고 싶습니다. 장소(Place)입니다. 고객은 제품을 전달받는 장소에서 브랜드의 정체성을 파악합니다. 저희 같은 화장품 브랜드는 이를 잘 관리해야만 효과적인 마케팅이 가능하다고 생각합니다."

그의 말대로 화장품은 제품의 특징이나 기능성만으로는 차별화가 쉽지 않은 소비재다. 그래서 이솝은 (물론 제품 품질에도 신경을 쓰고 있지만) 매장 인테리어로 차별화했다. 이솝은 본사의 디자인 정책을 "거리의 풍경에 우리를 녹인다. 그것이 현지 고객의 과거와 현재, 미래를 존중하는 태도다."라고 설명한다. 고객이 있는 곳(거리)으로 이솝이 들어가서 고객과 관계를 쌓겠다는 의미다.

어떤 동네, 어떤 거리가 그렇게 생긴 데에는 이유가 있다. 그 동네의 주민들, 그 거리를 찾는 고객들이 그런 분위기를 좋아하기 때문이다. 그러면 그게 도대체 어떤 분위기인가. 힌트는 그 동네 안에 있다. 이솝은 오랜 관찰과 문헌 조사 등을 통해 고객이 좋아하는 동네 분위기를 찾아냈고, 이를 매장에 반영함으로써 고객 친화적인 브랜드가 될 수 있었다.

기업의 존재 이유는 '고객이 원하는 것을 제공한다'는 것이다. 고객은 기본적으로는 우수한 제품과 서비스를 원하지만, 그게 고객이 원하는 전부는 아니다. 기업이 번창하려면 어떤 방식으로 고객 수요를 충족할 수 있는지에 대해 다양한 관점에서 고민이 필요하다. 이솝의 인테리어 전략은 그런 고민 끝에 나온 하나의 성공 사례.

데이터를 두껍게 모으려는 노력이 반드시 몇 달씩 고객을 따라다니며 일거수일투족을 관찰해야 한다는 의미는 아니다. 더 우선해야 할 것은 비즈니스 최전방에서 고객의 이야기를 잘 듣는 태도다.

당신이 레스토랑을 막 열었다고 생각해 보자. 매일 하루 12시간씩 고객과 얼굴을 마주한다. 아르바이트생의 서비스에 고객이 만족했는지 아닌지 당신 눈에 즉각 들어온다. 고객이 떠나고 난 자리에 남은 음식이 무엇인지도 보인다. 유독 자주 남는 음식이 있다면 당신은 즉시 메뉴를 바꿀 것이다.

문제는 그다음 단계에서 벌어진다. 레스토랑이 폭발적으로 성장해 프랜차이즈 지점을 낼 정도로 성공한 단계에 이르렀다. 당신은 이제 본점에 머문다. 본점에 온 고객들을 직접 만나고 의견을 듣지만, 다른 지점 고객들이 요리를 먹으며 어떤 표정을 짓는지, 어떤 음식을 남기는지 직접 파악할 수 없다. 지점장의 이야기를 전해 들을 뿐이다.

실패 없이 프랜차이즈가 잘 굴러간 덕에 대기업이 됐다고 가정하자. 이제 당신은 푸드 기업의 CEO다. 안타깝게도 이젠 고객과 얼굴을 마주할 시간이 없다. 고객은 엑셀 속 데이터의 형태로 남아 있고, 고객 만족도는 1부터 5까지 숫자로 표시한 보고서를 통해 인지한다.

레드 어소시에이츠 미켈 라스무센 CEO는 "기업이 커지면 커질수록 경영자는 고객을 만날 수 없습니다. 고객을 이해한 답시고 각종 숫자와 데이터에 몰두하게 되는 건 이 때문이죠." 라고 했다.

"고객을 이해하기 위해 숫자와 데이터를 보지만, 사실 경영자는 고객을 추측할 뿐입니다. 예컨대 당신에게 보고서로 올라온 설문 조사 데이터에 따르면, 요즘 많은 사람들이 등심 스테이크를 좋아한다고 칩시다. 그래서 당신은 새로운 메뉴로 등심 스테이크를 내놓으면 잘 팔릴 것이라고 추정하죠. 그런데 당신의 레스토랑을 찾는 고객들이 등심 스테이크를 원하는 게 맞을까요? 그럴 가능성이 있지만, 아닐 수도 있죠.

　예전에는 고객과 얼굴을 항상 마주하고 대화를 나눴기 때문에, 어떤 신메뉴가 인기를 끌지 몇몇 고객에게 직접 물어보면 알 수 있었어요. 그런데 이젠 고객이 무엇을 원할지 데이터를 보고 추측해야 하죠. 성공 확률이 떨어질 수밖에 없는 겁니다."

　고객의 이야기를 직접 듣는 것이 중요하다는 말에, 실리콘밸리의 IT 구루(guru) 존 챔버스(John Chambers) 회장이 번뜩 떠올랐다. 세계적인 통신 장비 업체 시스코를 20년간 이끌면서 회사 매출을 12억 달러에서 470억 달러로 40배 가까이 키워낸 입지전적인 인물이다. 몇 년 전, 시스코의 연례 콘퍼런스에 초대받아 새너제이 시스코 본사에서 챔버스 회장을 만났다.

　챔버스 회장은 데이터보다 고객의 이야기를 믿는 대표적인 경영자였다. 그의 비즈니스 좌우명이 바로 설명해 준다. "기술과는 결혼할 수 없어요. 제품과도, 조직 구조와도 마찬가지죠. 그러나 고객과는 결혼할 수 있습니다."

　챔버스 CEO는 인터뷰 내내 '고객의 목소리'를 강조했다. 시스코가 업계 1등 기업이 될 수 있었던 비결로 단연코 "고객이

미국 새너제이에 본사를 두고 있는 시스코. ⓒGetty Images

원하는 것을 들었기 때문입니다."라고 말했다. 1984년 시스코 창사 이래 가장 중요한 전통으로는 '고객의 이야기에서 변화를 시작하라'는 것을 꼽았다. 그는 일주일 근무 시간 50시간 중 30시간을 고객 응대에 쓰고 있다고 했다. "고객의 목소리를 들으라는 건 비유가 아닙니다. 정말 고객과 많은 이야기를 나누는 게 무엇보다 중요해요."

그는 말을 이어 갔다.

"IT 기술은 기하급수적으로 빠르게 발전합니다. 그러나 기술 그 자체가 고객의 수요를 충족시키는 경우는 드뭅니다. 고객은 항상 기술 이상의 무언가를 요구하는데, **고객과 끊임없이 이야기를 나누다 보면 고객이 직접 무엇을 원하는지 말합니다.** '존, 우리는 빅 데이터를 즉시 분석해 볼 수 있는 프로그램이 필요해요.'라는 식으로요. 여기서 우린 회사가 가야 할 길에 대한 영감을 얻습니다. 아시다시피 빅 데이터는 그 자체만 놓고 보면 그냥 데이터 덩어리입니다. 고객이 원하는 것은 빅 데이터를 통해 '무엇을 얻을 수 있느냐'는 것이죠. 시스코는 예컨대, 슈퍼마켓에서 고객들이 어느 구역에 오랫동안 머무는지 데이터를 바탕으로, 다음에 그 구역에 쌓아 둬야 할 상품 목록을 추천해 줍니다."

챔버스 회장은 어릴 적부터 난독증을 앓았다. 그 때문에 학창시절에도 '읽기'보다 '말하기'와 '듣기'에 더 강점을 보였다. 이야기를 듣는 훈련이 어릴 적부터 착실히 된 셈이다. 그의 부모는 둘 다 의사였는데, 대학 병원에서 일했던 아버지는 사업 모델을 만들고 비즈니스 목표를 어떻게 달성해야 하는지에 대해 여러 방법론을 전수했고, 정신과 의사였던 어머니는 사람과 교감하는 방법을 가르쳤다고 한다. 챔버스 회장은 부하 직원들로부터 서면 보고를 받기보다 직접 얼굴을 보고 이야기 나누기를 선호한다고 했다.

챔버스 회장은 1998년 '전화 서비스는 언젠가 전면 무료화 될 것'이라고 예상했고, 1999년엔 '집 전체가 네트워크로 연결 될 것'이라고 예측했다. 2001년엔 '차량이나 카페 등 사람이 머물 수 있는 장소라면 인터넷 연결도 가능할 것'이라는 전망 을 내놨으며, 2005년엔 '은행이 필요 없어지고 각종 정보가 인 터넷에 저장될 것'이라고 봤다. 늘 시장보다 한 발 빨리 업계의 미래를 내다본 것이다. 그는 이 역시도 "끊임없이 고객의 목소 리에 촉각을 기울인 덕분이죠."라고 했다.

데이터 분석법이 날로 발전하고 있는 오늘날, 바쁜 CEO 가 고객을 만나 이야기를 듣는 데 일주일에 30시간이나 쏟 는 것은 비효율적인 방식 아닐까. 고객 대응은 CS (Customer Satisfaction)팀에서 전담하고, 그 결과를 요약한 보고를 받으면 충분하지 않은가.

'그렇지 않다.'

고객의 목소리를 직접 듣지 않는 CEO는 기업을 위기로 몰 아세운다. 개인형 모빌리티를 혁신한다며 시장에서 급부상했던 세그웨이(Segway)는 소비자의 의향을 제대로 파악하지 못한 대표적 실패 사례로 꼽는다. 세그웨이는 소형 전기 구동 이동 수단이다. 창업자 딘 카멘(Dean Kamen)은 세그웨이를 "녹색 교통이자 개인 교통 수단의 선구자"라고 평가했다. 그는 "계산기가 종이와 연필을 대체했듯 세그웨이는 사람들의 걷기를 대체할 것"이라고 주장했다.[8]

그러나 사람들이 걷는 이유는 단지 이동을 위해서가 아니다. 사색을 위해서, 건강을 위해서, 또는 누군가와 관계를 맺기 위해서 걷는다. 게다가 세그웨이는 대당 가격이 수천 달러로 너무 비쌌다. 사람들은 단지 조금 더 빨리 이동하기 위해 그만큼 돈을 지불할 의사가 없었다. 2001년 처음 등장한 세그웨이의 누적 판매량은 고작 14만 대에 불과했다.

자기 아이디어에 도취돼 고객의 목소리를 듣지 않았던 딘 카멘은 결국 2015년 세그웨이를 베낀 제품을 만들고 있던 중

---

8   Jane Lee, "신제품은 왜 실패하는가?", brunch, 2017년 1월 26일

국 나인봇에게 회사를 넘겨야만 했다. 나인봇 역시 2020년 세그웨이의 생산을 종료했다.[9] 레드 어소시에이츠 라스무센 CEO는 이렇게 말했다.

"기업들은 고객이 사는 세상에 흠뻑 빠져들 필요가 있습니다. 요즘처럼 구조적으로 변화가 많은 세상에서는 더더욱 고객을 직접 봐야 합니다. 직접 만나지 않고 '추정'만 하겠다? 그야말로 자살 행위죠."

---

9 Matt McFarland, 'The Segway is officially over', 〈CNN〉, 2020년 6월 25일

두꺼운 데이터를 외면한
장인 정신의 결말

앞서 우리는 두꺼운 데이터를 갖고 사업을 성공시킨 사례를 봤다. 만약 데이터가 충분히 두껍지 않다면? 위기를 피할 수 없다. 고객에 대한 데이터가 부족하다는 것은 그 기업이 고객과 멀어지고 있다는 의미이고, 위기를 맞았을 때 극복할 방법을 찾기 어렵다는 뜻이다. 미국 패션의 상징이자, 200년 전통을 가진 브룩스브라더스가 그랬다. 어느 순간부터 고객이 원하는 바를 충족시키지 못했고, 끝내 코로나19 팬데믹 위기를 넘기지 못하고 파산을 선언했다.

1818년 처음 창업한 브룩스브라더스는 '고객 관리의 선구자'였다. 2014년 미국 뉴욕 브룩스브라더스 본사에서 클라우디오 델 베키오(Claudio Del Vecchio) 전 CEO를 만난 적이 있다. 그는 이렇게 말했다.

"브룩스브라더스가 200년간 지속할 수 있었던 핵심 요인은 고객과의 관계였습니다. 우리는 단순히 옷 가게가 아니라, 고객의 '라이프 스타일 파트너'였죠. 고객의 결혼식이 있으면, 사전에

초청해 맞춤옷을 제안해요. 결혼식 때는 꽃 장식도 보내죠. 전부 고객과 좋은 관계를 맺기 위해서입니다."

브룩스브라더스는 1800년대부터 VIP 서비스의 중요성을 이해한 최초의 의류 업체였다. 그들의 대표적인 VIP 고객은 무려 미국 대통령들이었다. 미국 대통령 45명 중 41명이 브룩스브라더스의 옷을 즐겨 입었던 것으로 전해진다. 에이브러햄 링컨, 존 F. 케네디, 버락 오바마는 취임식 정장으로 브룩스브라더스의 정장을 입었다. 링컨은 키가 너무 컸던 탓에 기성복을 입지 못했다. 브룩스브라더스는 링컨의 큰 키를 다 담을 수 있는 거울을 특수 제작했고, 그 이후 링컨은 옷을 맞출 땐 꼭 브룩스브라더스를 찾았다고 전해진다.

혁신의 역사도 깊다. 1830년 정장에 처음으로 여름용 원단인 시어서커(seersucker, 물결무늬가 있는 인도산 직물)를 썼다. 1859년에는 미국 최초의 정장 기성복(ready-to-wear)을 만들어 팔았다. 1800년대 후반 스포츠 재킷인 블레이저(Blazer)를 개발했고,

1896년에는 옷깃에 단추가 달린 '버튼다운 셔츠'를 처음 만들었다. 캐주얼 룩의 필수 아이템인 치노 바지나 스리 버튼 수트, 아가일 무늬 양말도 브룩스브라더스가 처음 만들었다. 제품 품질은 좋았고, 많은 고객으로부터 널리 사랑받았다. 델 베키오 CEO는 "브룩스브라더스의 원칙은 ① 우리 상품의 가치를 이해할 수 있는 고객과 거래하며, ② 그런 고객을 위해 최고 품질의 상품만 만들고, ③ 적당한 이익을 책정한 가격으로 파는 것입니다."라고 말했다.

홀륭한 원칙이다. 그러나 어느 순간부터 더 이상 브룩스브라더스에서는 이 원칙이 지켜지지 않았다.

① 우리 상품의 가치를 이해하는 고객만 우리의 고객이다

업무 환경이 자유로워지면서, 정장의 필요성은 2000년대 이후 꾸준히 감소했다. 캐주얼하고 편안한 옷을 원하는 고객들이 늘어났지만, 브룩스브라더스는 오랜 기간 브룩스브라더스를 즐겨 찾던, 정장의 가치를 이해하는 고객들을 우선했다. '기업

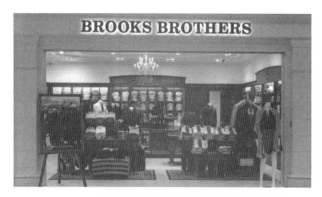

미국 대통령의 옷을 만들던 브룩스브라더스 ©rli.uk.com

의 오리지널리티를 지킨다'며 매장 내 핵심 공간을 정장과 셔츠 중심으로 꾸몄다. 매장당 매출 효율이 떨어질 수밖에 없었다. 우리 상품의 가치를 이해하는 고객과 거래한다는 것은 한편으로 '새 고객을 받아들일 준비가 되어 있지 않다'는 뜻이기도 했다. 브룩스브라더스는 자사의 고객을 자신들이 정의함으로써, 미래 잠재 고객의 유입 가능성을 스스로 닫았다. 7년 전 델 베키오 CEO는 "브룩스브라더스는 고객이 원하는 것'만' 제공하려고 해요. 우리는 고객을 상대로 실험하지 않습니다."라고 말했다. 당시 그의 말은 그럴싸했지만, 지금 돌이켜 보면 고객이 원하는 것이 바뀌고 있다는 현실을 충분히 이해하지 못하고 있었던 것 같다.

② 최고 품질의 상품만 만들 수는 없게 됐다

브룩스브라더스는 오랜 기간 '메이드 인 아메리카(미국 내 생산)'를 고집해 왔다. 브랜드의 전통과 제품의 품질을 지키기 위해서였다. 그러나 지속적으로 높아지는 인건비 앞에 결국 무릎을 꿇을 수밖에 없었다. 옷 생산 공장은 미국에서 인도·방글라데시·중국 등으로, 신발과 넥타이 생산은 이탈리아의 저렴한 공장으로 옮겨 갔다. 브룩스브라더스의 제품 생산 밸류 체인에서 미국이 점점 사라졌고, 결국 그들은 최고의 품질을 지켜내지 못했다.

③ 매출을 위해 이익을 포기해야 했다

브룩스브라더스를 외면하는 고객이 늘어나면서 재고가 폭증했다. 재고는 아웃렛 매장으로 갔다. 이익을 남기며 판매하기보단, 매출을 유지하고 재고 비용을 줄이는 선택을 한 것이다. 아웃렛 판매는 당시 회사 매출의 버팀목이었지만, 아웃렛 판매가 늘어날수록 브랜드의 고급스러운 이미지는 무너져 내렸다. '대통령의 옷'을 만들던 브랜드가 30~50달러 셔츠와, 400~500달러 정장을 파는 보급형 브랜드로 격하됐다. 브랜드를 아껴온 충성 고객마저 이탈하는 최악의 결과로 이어졌다.

브룩스브라더스가 훌륭했던 원칙을 지켜 내지 못한 이유는 분명 여럿 있을 것이다. 패션은 유행에 민감하고, 유행을 놓치면 매출이 급감한다. 실적이 떨어지는 브룩스브라더스의 경영 여건을 감안하면, 전략 수정(원칙 포기)은 어쩔 수 없는 선택이었을 가능성이 크다. 살아남기 위해서는 무슨 짓이라도 해야 하니까. 어려운 상황에서 나름 새 환경에 적응하려 노력했지만 불운하게 실패했을 수도 있다.

그러나 앞서 비슷한 위기를 겪었지만 전략을 바꿔 큰 성공을 거둔 레고와는 결정적인 차이가 하나 있다. 레고는 철저한 고객 조사를 통해 얻어낸 두꺼운 데이터를 바탕으로 전략을 세운 반면, 브룩스브라더스는 제대로 된 심층 조사 없이 직감적으로 노선을 수정했다는 것이다. 브룩스브라더스는 고객의 범주를 스스로 정했고, 시대 변화에 귀를 기울이지 않았다. 고객이 진짜 원하는 것을 찾으려는 노력보다는 200년의 역사와 전통을 더 우선시했던 것이다. 과거의 성공에 안주했을까. 아마 그랬을 가능성이 크다.

'브룩스브라더스의 고객이라면 분명 티셔츠보다는 정장과 와이셔츠를 더 좋아할 것이고, 아주 소소한 품질 하락은 감내할 정도로 충성도도 높다. 이미 수많은 브랜드가 동남아에서 옷을 생산하고 있다. 우리가 그렇게 해도 괜찮을 것이다.'

브룩스브라더스의 전략 수정에는 이런 전제가 깔려 있었던 것으로 보인다. 브룩스브라더스가 좌초한 직접적인 원인은 코로나19로 인한 매출 급감과 그에 따른 유동성 위기였지만, 사실은 코로나19 위기가 닥치기 훨씬 전부터 배에 물이 차오르고 있었다.

2014년 인터뷰 당시 나눴던 이 대화가 기억에 남는다.

– 브룩스브라더스의 비즈니스 목적은 무엇인가요?

"우리의 목적은 고객과 신뢰할 수 있는 관계를 만드는 것입니다. 제품은 그 신뢰 관계를 위한 수단이죠. 그래서 우리는 제품만 봅니다. 좋은 제품(품질이 좋든 가성비가 뛰어나든)을 만들어내면 고객과 좋은 관계를 이어갈 수 있습니다."

돌이켜 생각해보면 그는 제품만 봐선 안 됐다. 고객을 봐야 했다. 원래 브룩스브라더스는 고객의 입장에서 고객을 위한 제품을 만들던 브랜드였고, 그래서 사랑받았다. 그러나 성공의 원인을 잊고, 고객이 원하는 것은 외면하면서 제품만 강조하는 것은, 비즈니스의 선후(先後) 관계가 뒤바뀐 것이다.

기업이 아무리 좋은 제품을 만들더라도, 결국 고객이 외면하면 그 제품은 제품으로써 가치를 잃고 만다. 제품의 본질은 고객을 만족시키는 데 있다. 기업은 좋은 제품을 만든다고 하지만, 실제로 그 제품이 좋은지 아닌지는 고객이 정한다. 고객을 전제로 하지 않은 제품은 어떤 노력을 들였든, 얼마의 자본을 투자했든, 어떤 장인이 만들었든 결코 '좋은 제품'이 될 수 없다.

브룩스브라더스는 2020년 7월 델라웨어 주 지방 법원에 파산 보호를 신청했다. 한 달 만인 그해 8월, 미국 쇼핑몰 소유주인 사이먼 프로퍼티 그룹과 의류 라이선스 업체인 어센틱 브랜드 그룹(ABG)이 합작해 만든 스파크(SPARC) 그룹이 브룩스브라더스를 인수했다. 새 경영진이 어떤 판단을 내릴지 지켜볼 일이다.

4장

창의적인 솔루션을
발견하라

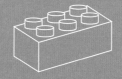

레드의 3법칙의 존재 이유는 '미지의 문제(Big Unknown)'를 해결하기 위해서다. 지금까지 풀어 보지 못했던 문제를 해결하려면 지금까지 생각하지 못했던 해법, 즉 '창의적인 솔루션'이 필요하다. 우리는 지금까지 창의적인 솔루션을 도출하기 위해서 ① 비즈니스의 본질적 의미를 탐구하는 새로운 질문을 찾아내고, ② 고객의 삶을 관찰함으로써 충분히 두꺼운 데이터를 수집하는 법을 들여다봤다. ③ 이제 제대로 된 해결책, 고객의 삶을 관찰하기 전까지는 생각하지 못했던 솔루션을 도출해 내야 할 때다. 즉, 비즈니스 실전편이다.

1) 왜 기업은 창의적이어야 할까

창의적인 솔루션은 기업이 가진 문제를 해결함과 동시에 성장의 원동력이 된다. 우리는 앞서 1~3장에서 창의적 솔루션을 활용해 위기를 극복하고 성공한 사례를 확인했다. 라스무센 CEO는 "혁신은 결국 '오리지널'에서 나옵니다."라고 했다. 어떤 문제를 직면했을 때 선례를 따르는 것은 2등 전략으로는 옳

은 일이다. 1등이 되기 위해선? 남들은 모르는 새로운 무언가
를 만들어야 한다.

2) 어떻게 창의성을 배양할 것인가

창의성을 깊이 연구한 석학이 있다.《창의성의 즐거움》,《몰입》
등의 저서를 펴낸 미하이 칙센트미하이(Mihaly Csikszentmihalyi)
교수다. 그의 연구에 따르면, 창의성은 한순간 번뜩이면서 갑
자기 튀어나오는 것이 아니라, 오랜 노력과 여러 조건이 어우
러져 빚어내는 상승 작용의 결과다.[10] 지금까지 축적된 방대한
연구, 이를 바탕으로 해낸 깊은 관찰과 연구의 결과물로서 창
의성이 나타난다는 의미다.

칙센트미하이 교수는 창의성은 크게 세 가지 요소, 즉 영역,
현장, 개인으로 구성된다고 본다. 먼저 영역이란 수학·과학처
럼 인간이 공유하는 하나의 지식 체계를 뜻한다. 창의성이 발

---

10 미하이 칙센트미하이,《창의성의 즐거움》, 북로드, p.9

현되는 밑바탕이다. 현장은 이 영역에서 활동하는 전문가 집단을 의미한다. 새로운 정보는 무수히 많은데, 그중 어떤 정보가 창의적인지를 판단하는 역할을 한다. 끝으로 개인은 해당 영역에서 새로운 것을 만들어내는 주체다. 이를 종합하면 창의성이란 인류가 발전시켜 온 상식 위에, 오랜 기간 갈고닦아 온 전문성을 한 스푼 추가하는 것이다.

라스무센 레드 어소시에이츠 CEO는 창의성을 이렇게 설명했다.

"창의성이란 사람들이 지금까지 경험해보지 못했고 알지 못했던 것입니다. **창의적인 솔루션을 도출해내기 위해선, 사람들이 경험해 왔던 것을 전부 이해하고 있어야 합니다.**"

앞서 우리는 오랜 시간 고객의 삶을 관찰하면서 두꺼운 데이터를 모아 왔다. 창의성을 발현할 기본적인 조건은 갖췄다는 것이다.

3) 그렇다면 어떻게 창의성을 물 위로 떠오르게 할 것인가

두꺼운 데이터를 모았다면 그것이 길잡이가 돼 줄 것이다. 라스무센 CEO는 "질문을 알맞게 바꾸고, 제대로 데이터를 모아왔다면, 이전까지 몰랐던 (혹은 무시해 왔던) 새로운 것들이 보이기 시작합니다. 그 방향대로 나아가면 됩니다."라고 말했다.

예컨대, 레고는 소년의 낡은 신발이 가진 의미를 파악했을 때, 자연스럽게 아이들이 열정과 노력을 투입할 장난감을 만들어야 한다는 결론에 도달했다. 삼성전자는 가정에서의 TV의 역할이 단순한 가전제품 이상임을 이해하고, 가구처럼 시각적으로 예쁜 디자인이 필요하다는 아이디어를 얻었다. 조셉조셉은 혼자 사는 남성의 '설거지 귀차니즘'을 발견하고, 설거지거리를 최소화하는 주방 기구가 필요하다는 확신을 가지게 됐다. 두꺼운 데이터를 제대로 모았는가? 그렇다면 이미 당신은 답을 알고 있다.

4) 무엇이 창의성의 발휘를 가로막나

두 가지 조건이 있다. 우선 **선입견이 없는 열린 태도로 두꺼운 데이터를 받아들여야 한다.** 두꺼운 데이터는 막연한 경영진의 감이나, 분석되지 않은 빅 데이터 뭉치보다 훨씬 믿을 만하다. 데이터가 어느 방향을 가리키든 "이건 우리가 갈 길이 아니야!"라고 고집을 부린다면? 새로운 인사이트를 받아들일 수 없을 것이다. '두꺼운 데이터를 모았으니 무조건 새로운 전략을 찾아내겠다'고 마음먹은 경우도 마찬가지다. 고객의 삶을 깊숙이 들여다본 결과, 전략을 수정하지 않는 게 더 나을 수도 있다. 그런데 어떻게든 전략을 바꾸겠다는 결심에 집착하다 보면 엉뚱한 결론에 도달하게 된다. 레고는 '레고다움'을 회복하는 방식으로 더 높은 고지에 올랐다. 비즈니스에 '무조건'은 없다.

또 훌륭한 통찰은 경험에서 나온다. 창의적인 솔루션이란 지금까지 경험하지 못했던 방식으로 문제를 해결한다는 의미다. 경험이 없다면 창의력도 발휘하기 어렵다. 레드의 3법칙이 유효하다고 판단해 이를 적용해 보기로 결심한 경영진이라면, 고객을 관찰하고 두꺼운 데이터를 만들어 내는 조사 과정에 직접 참여해 보기를 권한다. 고객의 행동과 생각을 눈으로 보고 귀로 들은 CEO는 조사 팀의 보고를 훨씬 더 명확하게 이해할 수 있다. 존 챔버스 전 시스코 회장은 고객의 목소리를 직접 듣는 데에 일주일에 무려 30시간씩 할애한 덕분에 업계의 미래를 시장보다 한발 빨리 내다볼 수 있었다.

이번 장에서는 기업들이 어떤 데이터를 바탕으로 어떤 창의적인 솔루션을 만들어냈고, 어떻게 성공을 거뒀는지 사례와 함께 설명한다. 동시에 많은 경영진이 창의성을 억지로 끌어내기 위해 하고 있는 실수도 반면교사로 삼아 보고자 한다.

'내 삶의 필요'에 의해 탄생한
프라이탁 가방

프라이탁(Freitag)이란 스위스 취리히 태생의 가방 브랜드가 있다. 트럭의 방수천(tarp)을 떼 와서 세척한 뒤, 재단해서 가방으로 만든다. 기본적으로는 재활용품인데, 비싼 가방은 70~80만 원까지 한다. 그런데도 글로벌 60개 국 이상에서 매년 수십만 개가 팔려 나간다. 프라이탁의 성공 이후, 이를 모방한 수많은 아류작들이 튀어나왔다.

사실 프라이탁이 유명세를 탄 뒤, 많은 매체와 MBA 스쿨 등이 그들의 성공 배경을 이미 여러 차례 분석했다.

1) 재활용품인 덕분에 스크래치 걱정 없이 편하게 들고 다닐 수 있다는 점, 방수천 특성상 내용물을 가득 담아도 될 만큼 충분히 튼튼하다는 점이 실용성 측면에서 인정받았다.

2) 본질적으로 재활용품인 이 가방은 2000년대 들어 친환경 바람을 타고 날아올랐다. 재활용품의 가치를 높이는 '업사이클링'의 가장 유명한 사례다.

3) 원재료인 방수천은 3년 이상 실제로 트럭 위를 덮었던 것을 재활용한다. 아무리 닦아도 지워지지 않는 세월의 흔적이 얼룩으로 남는데, 이 부분을 잘라 버리지 않고 그대로 쓴다. 그래서 같은 디자인이라도 무늬가 제각각이다. 프라이탁은 지금까지 20여 년간 300만 개가 넘는 가방을 만들었는데, 그 가운데 똑같은 것은 단 하나도 없다. 세상에 하나뿐인 가방이라는 '희소성의 가치'가 젊은 고객을 사로잡았다.

그런데 나는 이런 사후 분석보다는 '처음'이 더 궁금했다. 도대체 프라이탁은 하고많은 재료 중에 왜 굳이 폐품을 재료로 삼아 가방을 만들었나. 그들이 갖고 있던 비즈니스 질문은 무엇이었고, 어떤 데이터를 바탕으로 제품을 만들게 됐나. 그들이 '방수천 가방'이라는 기존에 없던 시장을 개척하게 된 경위는 무엇인가.

그걸 알고 싶어 스위스 취리히로 갔다. 프라이탁의 본사는 취리히 중앙역에서 두 정거장 떨어진 곳에 있다. 큰 공장을 몇

스위스 취리히의 프라이탁 공장. 프라이탁 형제. ©프라이탁

몇 스타트업과 나눠 쓰는 형태인데, 이곳이 프라이탁의 본사이자 생산 공장이면서, 디자인 센터이기도 하다.

프라이탁은 1993년 마르쿠스 프라이탁(Markus Freitag)과 대니얼 프라이탁(Danial Freitag) 형제가 공동 창업했다. 형제 중 크리에이티브 디렉터를 맡고 있는 마르쿠스 프라이탁은 "프라이탁 가방이 지금은 재활용품을 통해 새로운 가치를 창출한 업사이클링(upcycling) 제품으로 여겨지지만, 처음엔 그렇지 않았어요."라고 말했다. 그는 "그저 우리 입장에서 필요한 가방의 소재로 '튼튼하고 젖지 않는 방수천'을 택했고, 이 가방으로 성공을 거둔 것은 우연에 가까웠죠."라고 말했다.

프라이탁 형제는 취리히 토박이로 가방 사업을 하기 전엔 둘 다 그림을 그리는 디자이너였다. 취리히는 알프스 산맥의 영향으로 사흘 중 하루는 비가 내린다. 프라이탁 형제는 자신들이 그린 그림이 비에 젖지 않도록 보관할 가방이 필요했다.

그는 가방을 만들어 내기까지 과정을 설명했다. "저희가 처음 가방을 만들 때만 해도 인터넷이 없었어요. '방수가 되면서 튼튼하고 질긴 가방 천'을 구글에서 검색해 볼 수 없었던 거죠. 물론 전문업체에 물어볼 수도 있었겠지만, 디자이너로서 새로운 재료를 찾아보고 싶은 욕심이 컸습니다."

젖지 않는 천을 찾던 형제는 우연히 집 앞을 지나던 트럭에서 영감을 얻었다. 유럽의 트럭은 골조만 철제로 되어 있고 그 위에 방수천을 덮는다. 프라이탁 형제는 트럭 방수천을 받아와 가방으로 재단했다. "트럭 회사로 찾아가 폐방수천을 조금 받아 왔고, 그걸로 시제품을 만들어 봤어요. 옅은 회색 천이었던 기억이 나요. 만들고 보니 우리 형제가 필요했던 딱 그 가방이었어요. 튼튼하고 질기고 방수도 되는 가방 말이지요."

방수천은 19세기 중반부터 군용 텐트 등에 널리 쓰였지만, 프라이탁 이전에는 누구도 가방에 방수천을 쓸 생각은 하지

프라이탁 형제가 처음 만든
시제품. ⓒ프라이탁

않았다. 마르쿠스 프라이탁은 말을 이어 갔다.

"저희는 '재활용품'이라는 점을 가지고 마케팅을 하겠다는 생각은 해 보지도 못했어요. 필요한 기능을 낼 재료를 찾던 중 우연히 눈에 띈 재료가 재활용품이었던 것뿐입니다. 만약 우리가 처음부터 재활용을 염두에 뒀다면 재활용 울, 재활용 면, 재활용 가죽 등을 두고 고민했을 거예요. 그리고 지금의 프라이탁은 없었을 겁니다. 그런 원단은 저희가 처음부터 원했던 방수가 안 되니까요."

프라이탁 형제는 '기능만 좋으면 어떤 원단, 심지어 폐품이라도 상관없다'는 생각이었다. **편견 없이 사물과 현상을 바라볼 때 창의성이 발현된다.** 프라이탁 형제의 비즈니스 질문은 '어떤 가방을 만들면 잘 팔리느냐'보다는 '(비가 많이 내리는 취리히 같은 곳에서) 가방을 필요로 하는 사람들은 무엇을 원하는가' 였다.

시제품은 방수 성능은 탁월했을지 몰라도, 때가 까맣게 묻어 있어 딱 봐도 상품성이 떨어진다. 그런데도 프라이탁 형제는 '이 가방이 성공할 수 있다'는 믿음이 있었다. 형제는 나름대로의 두꺼운 데이터를 갖고 있었다.

프라이탁 형제가 시제품을 디자이너 친구들에게 처음 보여 줬을 때 친구들은 "이게 도대체 뭐냐?"라고 시큰둥하게 반응했다. 그런데 트럭 방수천을 재활용해 만든 것이라고 설명하자 "오 제법인데?" 하며 관심을 보였다. 방수가 완벽하다고 하자 "정말?"이라며 눈을 반짝였고, 형제가 앞으로 이런 가방을 만들어 팔아 볼 생각이라고 하자, 친구들의 태도는 "내 것도 하나 만들어 줄래?"로 완전히 바뀌었다. 마르쿠스는 "그때 이 사업이 성공할 수 있겠다는 생각이 들었죠."라고 말했다.

디자이너 친구들에게도 방수가 잘되는 가방은 분명 필요했다. 사실 방수가 잘되는 가방이 별로 없다. 가죽 가방은 무두질과 유제 처리를 하면 방수가 되지만 비를 맞은 뒤 제대로 관리를 하지 않으면 가죽이 상한다. 대부분의 천 가방은 방수 성능이 떨어진다. 화학 섬유 원단은 방수 기능이 있지만 흐물흐물해 가방에 담은 내용물이 다 뒤섞여 버린다. 고어텍스 가방은 지금처럼 보편화되지 않았을 때다. 트럭 방수천은 그런 점에서 꽤 괜찮은 소재다. 튼튼하고 두꺼워서 형태를 유지할 수 있고, 방수 성능은 가죽 이상으로 탁월하다. 일단 프라이탁 형제는 잠재 고객이 원하는 걸 제대로 짚고 있었다.

형제는 트럭 방수천 원단 자체에 대해서도 탐구했다. 트럭 방수천은 빨간색, 노란색 등 원색을 많이 쓴다. 짐을 보호하는 동시에 움직이는 광고판 역할을 해야 하기 때문이다. 무채색 위주의 도로 위에서 눈에 띄기 위해 원색을 쓰는 비중이 높다. 패션 제품으로 활용할 수 있는 가능성을 갖고 있다. 또 트럭 방수천은 싣는 짐의 유형에 따라, 트럭이 다니던 지역의 특성에 따라 각기 다른 흔적이 남는다. 이걸 '때가 묻었다'고 볼 수도 있지만, 프라이탁 형제는 '빈티지(vintage)'로 봤다. 오래된 원단처럼 보이기 위해 억지로 가공하지 않아도, 제각기 개성을 갖고 있었다는 것이다. "폐방수천은 처음 동일한 공장에서 만들어져도 이후 3~5년간 트럭에서 어떻게 사용돼 왔느냐에 따라 표면의 질감부터 색상의 변조까지 전부 달라져요. 이런 점이 디자이너로서 재미있게 느껴졌습니다."

재료의 특징을 살려 내는 디자이너의 혜안이 더해지면서 프라이탁이라는 창의성 넘치는 브랜드가 탄생하게 됐다.

훌륭한 통찰은 경험에서 나온다. 프라이탁 형제는 자신들과 친구들의 일상적인 삶 속에서 필요한 것이 무엇인지 정확히 파악했고, 이를 제품화시킬 수 있는 방안에 대해 연구한 끝에 방수천 가방이란 솔루션을 냈다. 자신의 삶이란 경험이 없었다면, 이런 독특한 제품과 비즈니스 모델은 나오지 못했을 것이다.

프라이탁은 어떤 상황에서도 폐방수천만 쓴다는 원칙을 두고 있다. "우리도 핑크색이나 검정색 같은 특별한 색상의 방수천을 쓰고 싶을 때가 있어요. 어쩌면 고객들은 이런 걸 더 좋아할지도 모르죠. 그러나 우리는 오직 폐방수천을 쓰기로 원칙을 세웠고, 주어진 환경에서 최대한 좋은 제품을 만드는 것이 우리가 할 일이라고 생각합니다."

마르쿠스 프라이탁은 "원칙이 트렌드보다 훨씬 더 중요해요. 아무리 잘나가는 제품이라도 원칙이 없다면, 트렌드가 끝나는 순간 제품도 끝납니다."라고 말했다.

프라이탁의 성공 이후, 수많은 업체들이 방수천 가방을 만들기 시작했지만 대부분 몇 년 못 가 사라졌다. 프라이탁은 지금도 '폐방수천 가방' 시장(비록 이 시장이 크지는 않지만)에선 90퍼센트 이상 점유율을 유지하고 있다. 고객들이 이 시장에서 처음 창의적인 비즈니스 모델을 일궈 낸 프라이탁을 인정해 주고 있기 때문이다.

'왜 명품은 비싸야만 하는가'
질문을 던진 H&M

'창의적인 솔루션'은 또한 기업에 새로운 비즈니스 기회를 제공한다. 자라·유니클로와 함께 '세계 3대 SPA 패션 브랜드'로 꼽히는 스웨덴의 H&M은 창의성을 앞세워 기존에 없던 새 시장을 열었다. H&M은 2004년 말 샤넬의 크리에이티브 디렉터였던 칼 라거펠트와 협업하여 한정판 '칼 라거펠트 for H&M' 제품을 출시했다. 유명 디자이너와의 컬래버레이션이라는 새 시장을 개척한 것이다. 패션업계를 뒤흔든 파격. 지금은 흔해졌지만, SPA 브랜드와 명품 디자이너가 협업해 제품을 내놓는 건 이때 H&M이 처음이었다.

칼 라거펠트가 디자인한 샤넬 재킷은 1,000만 원 안팎이지만, 칼 라거펠트 for H&M 제품은 10~30만 원 정도였다. '샤넬 디자이너의 옷을 100분의 1 가격에 입을 수 있다'는 기대감에 주요 도시의 H&M 매장 앞에는 출시 전날부터 사람들이 늘어섰고, 개장 한 시간 만에 거의 모든 제품이 매진됐다. 코로나19 대유행 이전인 2019년까지, 애플·나이키 등이 신제품을 출시하면 전날부터 매장 앞에 고객들이 줄을 서는 일이 종종 있었

2004년 H&M이 샤넬 크리에이티브 디렉터 칼 라거펠트와 협업한 프로젝트의 포스터.
©H&M

다. 그런데 '오픈 런(Open run)'의 시초가 바로 H&M이다.

스웨덴 스톡홀름 H&M 본사에서 만난 당시 CEO 칼요한 페르손(Karl-Johan Persson, 현 H&M 이사회 의장)은 칼 라거펠트와의 협업을 이렇게 회고했다.

"처음 아이디어를 낸 사람은 정확히 기억나지 않지만, 이 프로젝트는 '고객에게 드리는 깜짝 크리스마스 선물'로 기획된 것이었습니다. 기존에 없던 새로운 제품을 찾기 위해 오랜 시간 회의한 결과, 고급스러운 디자인을 합리적인 가격에 내놓는다면 분명 특별한 이벤트가 될 것이란 결론을 내렸어요. 우리는 즉시 칼 라거펠트에게 연락했죠. 동시에 만약 라거펠트가 거절하면 누

구에게 연락해야 할까 고민했는데, 의외로 '기꺼이 협업하겠다'
는 답을 받았어요. 알고 보니 라거펠트도 우리와 비슷한 생각을
갖고 있었더군요."

　H&M의 모토는 '최선의 가격에 패션과 품질을 제공한다
(Fashion and quality at the best price)'는 것이다. 특히 품질보다는 '패
션'에 방점이 찍혀 있다. H&M은 명품과의 협업 프로젝트를
통해 낮은 가격에 고급스러운 명품 디자인을 고객에 제공한
다. 고객은 협업 프로젝트를 통해 유명 디자이너가 기획한 옷
을 싸게 입어서 좋고, H&M은 인지도를 끌어올릴 수 있어서
좋다. 명품 브랜드와 유명 디자이너 입장에서는 H&M과 직접
적인 경쟁 관계가 아니라서 협업에 긍정적이다. 한정 수량만
제작한다는 점도 명품 회사의 '희소가치 하락'이라는 부담을
줄인다. 페르손 CEO는 "우리는 고객에게 좋은 옷을 선보일 수
있고, 디자이너는 자신의 신념과 가치를 더 많은 사람들에게
전달할 수 있지요. 패션과 디자인은 '가격'에 좌우되지 않을 수

있습니다."라고 말했다.

　출발점은 '왜 안 돼?(Why Not?)'였다. H&M은 '명품은 꼭 비싸야 하는가'를 고민했고, '그렇지 않다'라는 결론을 내렸다. 이런 생각을 할 수 있었던 것은 H&M이 그만큼 패션 분야에서 오랜 노하우와 두꺼운 데이터를 갖고 있었기 때문이다. H&M은 태생적으로 저렴한 옷을 만드는 회사다. 그들은 옷의 가격 결정 요인이 원단과 디자인, 공급망과 생산 공정 관리, 브랜드 가치와 희소성 등 무궁무진하다는 것을 가장 잘 아는 회사이고, 어떻게 각 단계에서의 비용을 최소화할 수 있는지에 도가 튼 기업이기도 하다. H&M은 디자인을 제외한 다른 부분에서의 원가 절감에 매진했고, 협업 프로젝트의 생산량을 한정해 디자인 비용의 지출을 최소화하는 방식으로 가격을 조정해냈다. 그들의 경험과 노하우, 지적 자산이 과거 아무도 생각 못했던 창의적인 파격을 가능케 했던 것이다.

　흔히 기업들은 서로 상충하는 가치 중 한 가지를 선택한다. '가격'과 '품질'이 대표적이다. 식당으로 치면 음식 값이 싼 대신 회전율로 승부를 보는 가게가 있는가 하면, 하루에 한 팀만 받는 대신 초고가 초호화 요리를 내어놓는 레스토랑도 있다. 패션업계도 비슷하다. 통상 SPA는 전자를 택하고, 명품은 후자를 택한다.

그러나 창의적인 기업들은 상충하는 가치를 동시에 제공한다. 미국 1위 유통업체 월마트는 고객에게 백화점과 흡사한 쾌적한 쇼핑 경험을 제공하는 동시에, 백화점보다 저렴한 가격을 앞세워 미국 소비자를 끌어들였다. 지금이야 월마트 같은 곳이 많아졌지만, 처음 월마트가 등장했을 당시엔 쇼핑 경험과 가격은 서로 반비례하는 관계였다.

페르손 CEO는 칼 라거펠트와의 협업 프로젝트를 "하이패션의 민주화(the democratization of high-fashion)"라고 정의했다. 2004년 이전 패션업계에서 '하이패션'과 '대중'은 서로 상충하는 가치였다. 그러나 H&M은 그 판을 깨고, 기존에 없던 새 시장을 개척할 수 있었다.

H&M은 칼 라거펠트와의 협업 이후 2006년부터 매년 한

해도 빠지지 않고 유명 디자이너 또는 명품 브랜드와 협업한 제품을 출시하고 있다. 스텔라 매카트니(2006년), 꼼데가르송(2008년), 베르사체(2011년), 알렉산더 왕(2014년), 겐조(2016년), 더 뱀파이어스 와이프(2020년) 등 당대 유명 인기 디자이너 및 브랜드는 거의 대부분 H&M과의 협업 경험이 있다. H&M이 처음 칼 라거펠트와 협업했던 2004년 H&M의 매출은 630억 스웨덴 크로나(약 8조 3,000억 원)였다. 그러나 2020년엔 3배 수준인 1,870억 크로나(24조 6,000억원)를 돌파했다. H&M은 창의적인 솔루션의 중요성을 이해하고, 이를 극대화하는 방식으로 지속적인 매출 성장을 이루고 있다.

브레인스토밍이
창의적이라는 환상

기업들은 저마다 창의적인 아이디어와 혁신적인 제품을 만들기 위해 여러 방법을 동원한다. 가장 널리 알려진 방법이 '브레인스토밍(brainstorming)'이다.

세계적 광고 회사 BBDO의 공동 창업자 알렉스 오스본(Alex Osborn)이 구상한 브레인스토밍은, 집단 지성을 활용해 다양한 아이디어를 쏟아 내고 이를 바탕으로 더 창의적인 아이디어에 도달하는 것을 목표로 삼는다. 별 볼 일 없어 보이는 아이디어라도 일단 많이 발제하다 보면 더 창의적인 아이디어가 떠오를 수 있고, 그런 아이디어를 모으고 조합하면 효과적인 솔루션을 완성할 수 있다고 여긴다.

브레인스토밍에서 '상자 밖에서 생각하기(Think outside the box)'나 '디자인 사고(Design Thinking)'와 같은 아이디어 방법론이 파생됐다. 그런데 현실에서 이들 방법은 어떻게 활용되고 있을까. 레드 어소시에이츠의 공동 창업자인 크리스티안 마두스베르그(Christian Madsbjerg)는 자신의 저서《우리는 무엇을 하는 회사인가?》에서 한 가지 사례를 들었다. 이 사례가 주는 시

사점이 있기에 최대한 압축해 소개한다.[11]

2005년 8월, 전 세계에서 창의력이 탁월하기로 손꼽히는 50인이 모였다. 글로벌 기업 CEO, 투자자, 패션 디자이너, 의사, 광고회사 임원 등 각 분야 전문가들이었다. 이들은 이틀 동안 머리를 맞대고 '디자인 사고'를 활용해 인류가 맞이한 문제의 솔루션을 구하기로 했다.

'글로벌 헬스케어'라는 막연한 주제가 주어졌다. 사회자가 감자를 손에 들고 말했다. "이건 그냥 감자가 아닙니다. 새 아이디어를 떠오르게 해 주는 마법의 도구입니다. 이 감자와 헬스케어를 연결시켜 생각한 다음, 아이디어를 내 주세요. 제가 먼저 해 볼게요."

그 사회자는 이렇게 말했다. "우리가 채소를 조금 더 먹으면 아

---

11 크리스티안 마두스베르그, 미켈 라스무센, 《우리는 무엇을 하는 회사인가?》, 타임비즈, 3-1

픈 사람들의 수가 줄어들지 않을까요?" 옆에 있던 사람이 그 말을 받아 적으며 외쳤다. "첫 아이디어입니다! 다같이 축하합시다!" 포스트잇에는 '채소를 많이 먹을 것'이라고 적혀 있었다. 다음 사람이 이어받았다. "감자(Potato)는 P로 시작하니까… 파킨슨병, 패닉, 그래 환자(Patient)가 있네요!" 포스트잇에는 '환자가 먼저다'라고 적혔다. 이런 식으로 금세 300개의 아이디어가 쌓였다.

다음 순서는 그중에서 가장 좋은 아이디어를 고르는 것이었다. 참가자들은 머리를 쥐어뜯었다. 서로 연결조차 되지 않는 아이디어 300개 중에 최고를 골라야 한다니. 한참 뒤 한 CEO가 '아동 건강'을 이야기했다. "청소년들이 술과 담배를 안하고, 매일 운동하는 습관을 들이면 미래 헬스케어 문제 상당수가 사라질 겁니다."

이튿날 이 팀은 '유명 캐릭터인 해리 포터가 아동 건강법을 소개하는 솔루션'을 발표했다. 관심을 끌지 못하고 사장된 것은 물론이었다. 마두스베르그 CEO는 "수백 개의 아이디어 중 세계 헬스케어 문제를 조금이라도 해결할 수 있는 구체적인 실천 방안으로 발전된 것은 하나도 없었다."라고 회상했다.

참가자는 각자의 영역에서는 전문가였지만, 헬스케어라는 사안에서는 고객, 제품, 산업 모든 영역에서 이해도가 거의 없었다. 아무도 두꺼운 데이터를 갖지 못했고 창의적인 해결책을 도출하는 것은 불가능했다. 수많은 사람들의 이틀이 낭비된 셈이다.

다소 극단적인 사례인 듯 하지만, 미켈 라스무센 레드 어소시에이츠 CEO는 "디자인 사고가 한창 유행하던 당시에는 의외로 이런 일이 잦았죠. 브레인스토밍은 창의적인 솔루션을 만들어 내는 데는 절대 도움이 되지 않습니다."라고 비판했다.

"브레인스토밍은 아이디어를 마치 공장에서 찍어 내는 것처럼 제조하려고 듭니다. 지금까지 실무자 여럿이서 수십, 수백 시간을 고민해도 해결하지 못했던 문제가 있다고 합시다. 그런데 이 문제에 대해 오늘 처음 들은 사람들이 몇 명 더 나타나서는 '이제부터 아이디어를 내봅시다'라고 하는 거죠. 강당에서 아무 말이나 쏟아 내다 보면 문제가 스르륵 해결된다고요? 말도 안 되는 생각이지요."

브레인스토밍 기법은 기본적으로 '모험적 시도'라는 것이 그의 설명이었다. '기존에 해 왔던 방식으로는 도저히 문제를 풀 수 없으니, 한번 미친 짓이라도 해 보자'는 것이다. 그러나 배경지식이 없는 상태에서 나오는 아이디어는 대체로 현실성이 없다. 원론적인 이야기를 하는 데 그칠 수밖에 없고, 그마저도 현실적으로는 이런저런 이유 때문에 도움이 되지 않는다.

라스무센 CEO는 "사전 조사(대상이 제품이든 고객이든) 없이 무언가를 해낼 수 있다는 믿음 자체가 이상해요. 인류가 지금까지 발전해 온 데에는 전문가들의 헌신적 기여가 있었습니다."라고 말했다.

"창의성은 산업과 제품, 고객에 대한 높은 이해도를 바탕으로 뽑어져 나오는 것입니다. 고리타분한 말로 들리겠지만, 회사는 연구 개발에 투자해 더 나은 제품과 서비스를 만들어 내고, 고객을 둘러싼 사회·문화적 맥락을 파악하고, 유의미한 데이터를 추출해 분석해야 합니다. 창의적인 해결책을 찾겠다고, 그 과정까지 새로울 필요는 없습니다."

미국 펜실베이니아대학교 경영대학원 크리스티안 터비슈 (Christian Terwiesch) 교수와 칼 울리히(Karl Ulrich) 교수는 와튼스쿨 웹진에 기고한 '어떻게 조직이 혁신을 죽이는가(How group dynamics may be killing innovation)'에서 '브레인스토밍을 하기 전에 참가자 개개인이 사전에 준비할 수 있는 시간을 주어야 한다'고 주장했다.[12]

---

12 Christian Terwiesch, Karl Ulrich, "How Group Dynamics May Be Killing Innovation", 〈Knowledge@Wharton〉, 2010년 5월 12일

그들의 연구에 따르면, 통상적인 브레인스토밍 방식에는 몇 가지 문제가 있었다.

1) 상사의 화를 돋우지 않기 위해 자기 검열을 한다.

2) 회의 시간이 제한돼 있어 좋은 아이디어가 나올 환경이 못 된다.

3) 비판적 태도가 없다.

4) 타인의 아이디어를 모방한다.

5) 목소리가 큰 사람의 주장에 쏠린다.

이는 참가자들이 문제에 대한 이해도가 낮은 상황에서 회의에 참석할 경우, 문제의 본질보다는 주변 사람과 외부 환경의 영향을 많이 받고 분위기에 휩쓸려 아이디어를 내게 된다는 뜻이다.

그러나 회의 전 10분간 혼자 고민할 시간이 주어진다면, 질적으로나 양적으로나 더 뛰어난 성과를 냈다. 교수들은 학생들을 대상으로 가상의 스포츠용품 및 가정용품 제조업체에서 생산할 아이디어 제품을 생각해 보도록 했는데, 10분간 스스로 고민할 시간이 주어진 학생들이 낸 아이디어가 준비 과정 없이 곧바로 브레인스토밍에 들어간 학생들의 아이디어보다 평균 30퍼센트가량 높은 점수를 받았다. 아이디어의 개수도 세 배 정도 더 많았다. 그만큼 이해도와 전문성이 바탕이 되지 않은 브레인스토밍은 유의미하지 않다는 방증이다.

창의성은
문제의 직접 체화에서 나온다

아침에 샤워를 하다가 새로운 아이디어가 '번뜩' 머리를 스친 적이 있는가. 복잡하게 얽혀 있던 실타래가 풀리고, 문제와 해결책이 무엇인지 명확하게 이해되는 순간 말이다. 경영학에는 '창의성 3B의 법칙'이라는 것이 있다. 침대(Bed), 목욕(Bath), 그리고 버스(Bus)의 약자다. 어디에도 집중하지 않은 상태, 잠시 문제를 제쳐 두고 멍하니 있을 때 기발한 아이디어가 문득 튀어나온다는 것이다. 실제로 나는 그런 경험을 종종 했고, 이 책을 쓸 때도 샤워하다 떠오른 아이디어가 다수 포함됐다.

프랑스 인시아드 경영대 맨프레드 케츠 드 브리스(Manfred F. R. Kets de Vries) 교수는 기고문 '더 창의적인 혁신을 원한다면 일단 속도를 늦춰라(Want More Creative Breakthroughs? Slow Down)'에서 "멍하니 있으면 아무 일도 일어나지 않는 것처럼 보이지만 의식은 표면 뒤에서 바쁘게 움직이며 문제를 파악하고 있다. 몸이 편안한 상황에서는 도파민이 나오면서 뇌의 창의적

과정을 활성화한다."라고 주장했다.[13] 편안하고 안정적인 상태에서 뇌의 뒤편에 숨죽이고 있던 창의성이 표면으로 튀어나온다는 설명이다.

당연하게도, 침대 위에 눕고, 샤워기 물줄기를 맞고, 버스에 오르기만 한다고 뛰어난 아이디어가 샘솟는 것은 아니다. '멍 때리기'에 앞서 선결 조건이 있다. 케츠 드 브리스 교수는 "무의식 속에서도 아이디어가 싹을 틔울 수 있도록 먼저 문제에 충분히 몰두해야 한다."라고 했다. 문제를 깊고 넓게 파악함으로써 창의성이 자랄 수 있는 토양과 양분을 갖추는 게 먼저라는 이야기다.

미켈 라스무센 레드 어소시에이츠 CEO는 "**문제에 대한 이해도를 높이는 최선의 방법은 다양한 직접 경험을 통해 문제를 체화하는 것입니다.**"라고 말했다.

---

13 Manfred F. R. Kets de Vries, Want More Creative Breakthroughs? Slow Down, 〈INSEAD KNOWLEDGE〉, 2019년 12월 3일

"당신이 독일의 축구 문화를 이해해야 한다고 해 보죠. TV
로 경기를 관람하고, 독일 축구 잡지를 사서 읽습니다. 인터넷
에서 뉴스도 읽고 자료도 찾고요. 축구 경기 결과와 선수들에
대한 정보는 엄청나게 알게 될 지 모르지만, 독일 사람들이 축
구를 어떻게 즐기는지는 알지 못해요. 더 확실한 방법은 이거
예요. 축구 경기장에서 직접 가서 경기를 관람하고, 동네 펍
(Pub)에서 축구 팬들과 뒤풀이를 하는 거죠. 독일 축구 팬들과
마주하는 경험을 하면 축구 문화를 한순간에 흡수할 수 있습
니다.

같은 맥락에서 덴마크 회사가 베트남에 진출한다면, CEO
가 직접 베트남에 다녀와야 합니다. 베트남 고객에게 어떤 제
품이 필요한지, 베트남 진출에서 신경 써야 하는 게 무엇인지
파악하려면 베트남 사람들이 살고 있는 세계로 직접 파고들어
감각을 키워야 해요."

경험은 지식을 체화하는 과정이자, 두꺼운 데이터를 쌓는

방법이기도 하다. 하나의 문제를 두고도 100퍼센트 성공, 절반의 성공, 절망적인 실패를 겪을 수 있다. 이런 다양한 경험은 이 문제를 다각도에서 이해할 수 있게 돕는다. 스티브 잡스는 1996년 IT 매체 〈와이어드〉와의 인터뷰에서 "창의력은 경험했던 것을 새로운 것으로 연결할 때 생겨나는 것입니다. 이를 위해서는 다른 사람보다 더 많은 경험을 하고, 경험에 대해 더 많이 생각해야 가능합니다."라고 말했다. 이 과정이 그 유명한 '점의 연결(Connecting the Dots)'이다.

이런 맥락에서 라스무센 CEO는 경험을 제대로 쌓지 못하는 '사례 연구(Case Study)'는 창의적인 솔루션을 내는 데는 효과적인 방법이 아니라고 주장했다. MBA 스쿨에서 많이 쓰이는 사례 연구는 보통 특정 상황에서 경영진의 의사 결정 과정을 분석하고, 토론을 통해 시사점을 정리하는 형태로 진행된다.

문제는 연구자가 기업의 의사 결정 과정과 결과를 먼 발치에서 보고, 복잡한 현실 세계를 지나치게 단순화해 압축적인 결론을 내린다는 데 있다. '경험'의 과정이 없고, 또한 실제 경

영 환경에 대한 두꺼운 데이터를 확보하지 못하기 때문에, 수
박 겉핥기에 그치게 된다는 것이다.

　이런 비판은 라스무센만 제기하는 것이 아니다. 금융 위
기 이후 전 세계적으로 'MBA 무용론'이 번졌다. 그래서 요즘
MBA에서는 현장 실습을 통한 경험 중심 교육이 강화되는 추
세다. 기업 경영진의 의사 결정 과정을 직접 보고, 왜 그런 결
정을 내렸는지 인터뷰한다. 스타트업 경영에 직접 참여해 보
는 기회도 주어진다. 이런 경험을 통해, '경영'을 머리로만 이
해하는 것이 아니라 몸으로 체화하는 것이다.

라스무센 레드 어소시에이츠 CEO는 레드의 법칙 3가지를 '센스메이킹(Sensemaking)'이라는 과정으로 설명했다. 기업이 사업에 대한 감을 찾아가는 과정이라는 의미다.

"센스메이킹에는 5가지 단계가 있습니다. 첫 번째 단계는 '틀을 짜는 것(Framing)'입니다. 어떤 문제가 풀리지 않는다면, 문제를 재해석해서 재규정해야 합니다. 레고는 '아이들에게 놀이란 어떤 의미인가'라는 질문을 던졌죠. 이 질문은 비즈니스적인 질문은 아닙니다만, 이렇게 질문을 재규정함으로써 기존엔 보이지 않던 무언가를 발견할 수 있게 됩니다. 시야가 넓어지고 새로운 해답을 찾을 수 있게 되죠.

'프리미엄 브랜드 커피를 만들고 싶다. 어떻게 해야 할까?'라는 질문이 있다고 칩시다. 그러나 애초에 프리미엄이란 무엇인가요? 비싼 건가요? 품질이 좋은 건가요? 희소가치가 높은 건가요? 이 질문을 인문학적으로 바꾼다면, '사람들은 왜 커피를 마시는가' 또는 '좋은 커피란 무엇인가'로 바꿀 수 있을 겁니다. 물론 이 질문에 대한 해답을 찾는 것도 쉬운 일은 아닙니다. 그러나 만약 찾아낸다면, 그것이 가장 정확한 답안이 될 겁니다.

두 번째 단계는 '데이터를 모으는 것(Collecting)'입니다. 고객을 직접 만나면서 시장 조사를 하다 보면 엄청나게 많은 데이터가 쏟아져 나옵니다. 데이터에는 귀천이 없습니다. 모든 데이터에는 제각각의 의미가 들어 있습니다. 그러나 그 의미를 파악하기 위해서는 일정량 이상의 데이터가 반드시 필요합니다.

세 번째 단계는 '데이터에서 의미를 찾는 것(Looking)'입니다. 지금까지 데이터의 양을 늘려 왔다면, 이제는 질을 높여야 할 때입니다. 데이터에 의미가 생길 때는 데이터가 갖고 있는 일정한 패턴을 찾아냈을 때입니다. 그래야 고객의 일관된 맥락을 알 수 있고, 이를 기반으로 해답을 찾아낼 수 있습니다. 그것이 바로 두꺼운 데이터죠.

이렇게 3단계까지 그럭저럭 완수되면, 기업은 '명료함의 순간(Moment of Clarity)'에 도달하게 됩니다. 기업이 해야 할 일이 무엇인지 파악할 수 있게 된 거죠. 그러면 기업은 솔루션을 창조(Creating) 하고(4단계), 자신의 비즈니스에서 영향력을 구축 (Impacting)할 수 있게(5단계) 됩니다."

센스메이킹이라는 기술을 필요할 때 제대로 발휘할 수 있으려면 평상시 꾸준한 훈련이 필요하다. 훈련법은 대략 일곱 가지로 요약할 수 있다.

1) 상상하라(Imagine)

모든 행동은 상상에서 시작한다. 어떤 현상을 마주했을 때 현재 관점으로 재해석하지 말고, 있는 그대로 보라. 창의적인 사람들은 한 걸음 더 나아가 세상을 '있는 그대로' 보지 않고, '어떻게 바뀔 수 있는지' 항상 고민한다.

2) 질문하라(Question)

합당한 질문을 떠올리는 것이 문제를 해결하는 것보다 더 중요하다. 알베르트 아인슈타인은 문제를 풀 시간이 한 시간 주어지면 처음 55분은 질문을 파악하는 데 썼다.

3) 의심하라(Doubt)

문제에 직면했을 때, 전문가라는 사람들이 늘어놓는 이야기를 믿지 말라. 모든 새로운 문제는 아직 알려지지 않은 문제이며, 그런 문제에는 전문가가 없다.

4) 제한하라(Constrain)

모든 문제는 이미 갖고 있는 지식, 능력, 방법을 잘 활용하면 풀 수 있다. 억지로 틀을 깨야 한다고 착각하지 말라. 갖고 있는 도구로 무장된 상자(역량)를 만들고, 그 안에서 자유롭게 사고하라.

5) 훈련하라(Train)

자신의 도구를 활용하는 방법을 연습하라. 폭넓음을 지향하고 박식(博識)을 추구하라. 그렇게 해야 당신이 가진 역량의 크기를 키울 수 있다.

6) 매칭하라(Match)

당신의 능력과 욕구를 충족하는 도전 과제를 찾고, 그 과제를
풀어 가면서 더 많은 훈련을 하라. 사람들이 혁신에 실패하는
이유는 상상한 대로 솔루션을 만들어 가는 경험이 부족했기
때문이다.

7) 행동하라(Act)

문제를 풀 수 있을 것 같다면 주변의 동의를 구하기 위해 망설
이지 말라. 어차피 다른 사람들은 당신의 비전을 이해하지 못
한다. 스스로 기회를 만들고 밀어붙여라.

1~3번은 레드의 3법칙 중 첫 번째인 '질문을 다시 쓰는 과
정'이다. 기존에 알고 있던 것을 의심하라. 그렇지 않으면 관성
에서 벗어날 수 없다. 옳은 문제를 찾는 것은 성공을 위한 필수

적인 선결 과제다.

4~5번은 '두꺼운 데이터'를 모으는 전략이다. 두꺼운 데이터는 타깃 고객의 삶을 관찰하고 그 속에서 통찰을 이끌어 낸 결과물이다. 외계 어딘가에서 지금까지 한 번도 나타난 적 없던 새로운 아이디어를 끌어오는 것이 아니다. 비즈니스의 정답은 항상 고객이 가지고 있다. 고객의 삶을 관찰하고 이해도를 높일수록, 당신의 비즈니스 역량도 성장한다.

6~7번은 '창의적인 솔루션'을 이끌어 내는 방법이다. 창의성은 편견 없이 여러 아이디어를 바라보고, 그것들을 서로 연결·융합하는 과정에서 나온다. 때로는 공상도 좋다. 스티브 잡스의 '점의 연결'이 바로 이 단계다. 여기서 기업은 돌파구를 마련할 수 있고, 혁신을 이뤄낼 수 있다. 솔루션이 나왔으면 믿고 밀어붙이면 된다.

스포츠 선수들이 꼽는 최고의 격언은 '연습이 완벽함을 만든다(Practice makes Perfect)'이다. 선수들이 최고의 실적을 낼 때는 그들이 갖고 있는 기술이 무의식적으로 발현될 때이다. A라는 상황에서 B라는 움직임을 가져갈 것이란 계획을 머리로 떠올리기에 앞서 몸이 알아서 반응해 그렇게 움직였을 때다. 이를 스포츠에선 '근육이 기억한다'고 말한다. 비즈니스도 마찬가지다. 수많은 경험, 노하우와 고객에 대한 높은 이해도를 가진 기업은 이미 제각각 저마다의 방식으로 문제를 해결해 나갈 수 있다. 레드의 법칙 3가지를 체화할 수 있다면, 어떤 위기가 닥쳐도 극복할 수 있는 자산이 된다.

인문학적 접근이 조직에 녹아들려면

휴일 저녁이 되면 넷플릭스에 접속해 어떤 영화를 볼까 탐색하는 것이 소소한 행복이다. 넷플릭스는 이제 전 세계인의 취미 생활 그 자체가 됐다고 해도 과언이 아니다. 특히 다른 스튜디오의 작품을 사다가 스트리밍하는 비즈니스 모델을 넘어서서, 넷플릭스 오리지널 시리즈를 직접 만드는 혁신적인 결정을 내린 이후로 넷플릭스의 영향력은 급팽창했다.

얼마 전 넷플릭스의 조직 문화와 성공 비결을 분석해《규칙 없음(No rules rules)》이라는 책을 펴낸 에린 마이어(Erin Meyer) 프랑스 인시아드 경영대 교수와 화상 인터뷰를 진행했다. 인터뷰를 준비하면서 넷플릭스의 성장 과정을 자세히 살펴보게 됐는데, 이들 역시 새로운 비즈니스 방향을 모색하고 중대한 의사 결정을 내리는 방식이 레드의 3법칙과 닮았다는 사실을 깨닫게 됐다.

넷플릭스는 영화를 비디오테이프와 DVD로 빌려 보던 시절부터 '사람들에게 영상 콘텐츠가 어떤 의미를 가지는가' 하는 업의 본질을 고민했다. 소비자의 행동을 집중적으로 탐구한 결과, 넷플릭스는 대다수 사람들이 영화나 드라마, 예능 프로그램을 소비하는 주된 목적이 '힐링'이라고 결론지었다. 고된 하루 일과를 마치고 스트레스를 풀기 위해 TV를 켜는 사람들은 오프라인 스토어에 DVD를 빌리러 가는 귀찮음을 감수하지 않는다. 대신 DVD를 직접 빌려 보는 이들은 특정 장르나 감독, 배우의 팬에 가깝다는 사실도 발견했다. 이런 팬들은 미디어 입장에서는 소중한 충성 고객이지만, 절대적인 수는 많지 않다.

넷플릭스는 철저히 대중을 공략했다. 앉은 자리에서 간편하게 영상 콘텐츠에 접근할 수 있도록 스트리밍 기술을 고도화했다. 또, 인기가 많은 블록버스터, 로맨틱 코미디, 유명인을 다룬 다큐멘터리 등을 먼저 라인업하고 차츰 콘텐츠 종류를 확대해 나아갔다. 구독료도 일반 대중에게 부담스럽지 않은 월 10달러 안팎으로 설정해 박리다매 전략을 폈다.

넷플릭스를 연구하는 과정에서 나는 **'레드의 3법칙'이 잘 작동하려면, 구성원 간 소통이 원활하게 이루어지는 유연한 조직**

문화가 기업에 깔려 있어야 한다는 사실을 깨닫게 됐다. 넷플릭스는 스스로의 성공 비결을 '자율과 책임의 문화'라고 자랑한다. 실무자가 자신의 전문 분야에서는 CEO 이상의 의사 결정 권한을 누리며 그 책임 또한 오롯이 진다. 그래서 넷플릭스 사무실에서는 부하 직원이 상사에게 "당신의 생각은 틀렸다."라며 따지고 드는 일이 빈번하게 목격된다. 인도의 넷플릭스 스튜디오에서는 직급 높고 경력이 긴 사람이 아니라 인도의 사회와 문화를 가장 잘 이해하는 사람이 최고 의사 결정권자가 된다. 로컬 시장에서 성공하려면 그 지역의 고객, 그리고 그 고객을 둘러싼 환경에 대해 가장 두꺼운 데이터를 쌓은 사람이 결정을 내려야 한다는 공감대가 회사 내에 형성돼 있는 셈이다. 넷플릭스의 문화에는 누가 가르쳐 주지 않았는데도 레드의 3법칙의 핵심이 녹아 있었다.

　지금까지 4장에 걸쳐 레드 어소시에이츠의 3가지 법칙에 따라 기업들이 창의적인 문제 해결력을 갖추고 혁신을 주도해 나간 여러 사례를 살펴보았다. 1) 업의 본질을 꿰뚫는 새로운 질문을 하고, 2) 고객과 제품 사이에 일어나는 상호 작용을 이해할 수 있는 두꺼운 데이터를 쌓으면 3) 자연히 창의적인 솔루션에 다가갈 수 있다는 것이 레드의 3법칙의 핵심이다. 이는 기업을 둘러싼 각종 수치와 피상적인 데이터 등 경영학적 틀에 갇히는 대신, 고객 즉 인간을 좀 더 적극적으로 이해해 보려는 '인문학'적 접근 방식이다.

인문학적 접근 방식이 작동하려면 기업의 조직 문화는 더없이 유연해야 한다. 낯선 질문을 던지는 구성원을 포용해야 한다. 수량화의 관습과 경직된 사고에 갇힌 상사가 찍어 누르는 문화에서는 새로운 질문과 아이디어가 나오지 않는다. 인문학적 접근으로 해답을 찾아내기까지 인내심 또한 필수적이다. 레고, 아디다스, 조셉조셉 등의 사례에서 보듯 두꺼운 데이터를 쌓는 데에는 시간이 걸린다. 통찰은 '빨리 내놓으라'고 재촉한다고 해서 쉽사리 드러나는 것이 아니다. 인문학과 경영학이 서로 대척점에 서 있어서는 더더욱 안 된다. 탄탄한 경영학적 기반 위에 인문학적 통찰을 얹어 보라는 것이 레드 어소시에이츠의 주문이다.

인문학적 접근 방식의 궁극적인 목적은 '고객을 이해하는 것'이다. 모든 비즈니스는 결국 고객에게 통하는 제품과 서비스를 만들어 제공하는 것이다. 고객에게 통하는 제품·서비스를 만들기 위해서는 고객의 수요, 고객이 처한 환경, 고객의 심리를 철저하게 이해해야 한다. '고객 중심 사고'는 모든 비즈니스의 제1원칙이며, 이를 잘 지키는 기업만이 진정한 성공을 꿈꿀 수 있다.

레드의 법칙

레고를 부활시킨 인문학적 문제 해결 방식

1판 1쇄 발행 2021년 9월 17일

지은이　　　윤형준

펴낸이　　　이민선
편집　　　　홍성광
디자인　　　박은정
관리　　　　이해정
제작　　　　호호히히주니 아빠
인쇄　　　　신성토탈시스템

펴낸곳　　　틈새책방
등록　　　　2016년 9월 29일 (제25100-2016-000085)
주소　　　　08355 서울특별시 구로구 개봉로1길 170, 101-1305
전화　　　　02-6397-9452
팩스　　　　02-6000-9452
홈페이지　　www.teumsaebooks.com
네이버 포스트　m.post.naver.com/teumsaebooks
페이스북　　www.facebook.com/teumsaebook
인스타그램　@teumsaebooks
전자우편　　teumsaebooks@gmail.com

ISBN　979-11-88949-33-5　03320